책세상 영한사전 코

조선의 위기대응 노트

역사를 바꾼 리더의 선택들

김준태

민음사

차례

1부 성패를 가르다

2부 시스템을 갖추다

3부 사람을 경영하다

* 이 책은 《동아비즈니스리뷰(DBR)》에 연재한

「케이스 스터디: 조선」을 재구성했습니다.

서문

우리는 왜 역사를 공부하는가? 역사의 효용은 무엇인가? 개인적으로 "지나간 것을 살펴 다가오는 것을 밝힌다."라는 한(漢)대의 학자 동중서(董仲舒)의 말에 공감한다. 역사는 흡사 기출문제집 같다고 생각하기 때문이다. 물론 옛날과 오늘은 많은 차이가 있다. 생활 양식이 다르고 과학 기술의 수준이나 산업의 발달 정도도 다르다. 하지만 인간이 살아가는 근본 원리는 변함없을 것이다. 무엇이 인간다운 것인지, 삶을 대하는 자세는 어떠해야 하는지, 타인과 어떻게 관계를 맺어야 하는지……. 시대라는 옷만 달리 입었을 뿐 본질은 그대로다. 과거의 일이 지금도 유용한 교훈이 되고, 역사 속 인물이 롤 모델이 되거나 혹은 반면교사가 되는 것은 그래서이다. 기출문제를 통해 원리를 파악하고, 이를 응용하면 새로운 문제도 쉽게 풀 수 있는 것처럼 말이다.

이러한 역사의 쓸모는 비단 개인의 영역에만 그치지 않는다. 인간 사회, 정치, 경영 분야에서도 유효하다. 인재를 육성하여 적재적소에 배치하는 일, 갈등을 해소하고 분쟁을 조정하는 일, 개혁을 성공시키는 일, 위기에 대처하는 일 등등. 시스템이 다르고 운영 방식에 차이가 있을지언정 당사자가 지켜야 할 원칙은 같다. 태도나 마음가짐, 리더십의 원리도 그대로다. 예컨대 미증유의 재앙 앞에서 국가의 역량을 총동원하고, 문명의 대전환 속에서 공동체가 나아가야 할 방향을 고심했던 역사의 경험은 지금도 충분한 시사점을 줄 것이다. 우리도 바로 그러한 위기를 겪고 있으니 말이다.

이 책은 그러한 문제의식에서 출발했다. 20개의 사례(史例)를 고르고 현대의 관점에서 분석함으로써 오늘의 우리에게 필요한 인사이트를 얻고자 했다. 특히 위기 대응에 초점을 맞추었다. 위기라고 해서 전쟁이나 재난과 같은 급박한 위험 상황만을 가리키지 않는다. 사전적 의미처럼 '안정을 흔드는 급격한 변화, 또는 결정적이고 중대한 순간'을 말한다. 요컨대 중차대한 선택의 국면에서 당시 구성원들이 어떻게 상황을 인식하고 대응했는지가 이 책의 관심사다. 그리고 그 선택이 역사의 방향을 어떻게 바꾸었는지를 다루었다. 그 성공과 실패의 과정을 자세히 복기함으로써, 부족하나마 우리의 실력을 키워 줄 수 있는 '기출문제집'을 만들어 보고자 했다.

시대를 조선으로 한정한 것은 오로지 기록 때문이다. 잘 알려져 있다시피 조선은 매우 상세한 기록을 남겼다. 『조선왕조실록』, 『승정원일기』를 비롯하여 여러 학자의 문집에 이르기까지, 사건의 전개나 인물의 행동뿐 아니라, 그 이면의 의도와 사유를 확인할 수 있는 기록들이 남아 있다. 따라서 사건을 심층적으로 분석하기 위해서는 조선 시대가 적절하다고 판단했다. 여러 선배 연구자들의 노력으로 국문 번역이 존재하는 것도 조선의 사례를 다루는 이유다. 한문 원전을 기초 자료로 삼긴 했지만, 실록 등의 국문 번역이 없었다면 많이 헤맸을 것이다. 번역자들께 감사의 인사를 전한다.

마지막으로 이 책이 나오기까지 여러 분의 도움을 받았다. 변함없는 사랑과 응원을 보내 주시는 부모님, 영원한 나의 편 아내 지영이, 든든한 버팀목이 되어 주시는 은사 최일범 교수님, 원고를 쓸 때마다 정성껏 읽고 의견을 준 후배 안승현에게 고마움의 인사를 드린다. 연재의 기회를 주신 김남국 편집인님, 많은 도움을 주신 배미정 기자님, 좋은 책으로 엮어 주신 민음사 편집부에도 진심으로 감사드리고 싶다. 아직 많이 미숙하지만 최선을 다한 시간이 이 책에 스며 있다.

2021년 여름
김준태

1부

성패를 가르다

note 01
병자호란

"국서(國書)에 적절하지 못한 내용이 많으니 미루었다가 내일
보내는 것이 어떻겠습니까?"

"그대들이 매번 사소한 문제를 따지고 다투느라 이렇게 위태
로운 치욕을 맞이하게 되었다. 그렇지 않았다면 어찌 오늘날
과 같은 상황이 되었겠는가?"

1637년(인조 15년) 1월 18일 남한산성. 청나라에 항복하는 국
서를 보내려 하자 삼사(三司)¹의 관리들이 몰려왔다. 이들은 국서
에 잘못된 글자가 사용되었다며 발송을 늦추자고 주장했다. 그러
자 최명길(崔鳴吉, 1586~1647)이 꾸짖었다. 나라의 존망이 경각

에 달렸는데 이 글자를 사용해도 되니 안 되니 하면서 트집을 잡는 모습이 한심해 보였던 것이다. 바로 이러한 태도들이 쌓여 전쟁을 초래하고, 작금의 비극을 낳았다는 것이 최명길의 생각이었다.

흔히 병자호란은 명나라와의 경쟁에서 자신감을 얻은 청나라가 제국(帝國)을 자처하고[2] 기존의 형제 관계였던 조선에 군신 관계를 요구하면서 촉발된 것으로 알려져 있다. 명나라와의 의리[3]를 저버릴 수 없었던 조선이 반발하자 청이 이를 제압하려 한 것이다. 맞는 말이지만 단선적인 분석이다. 병자호란은 당시 조선의 지도층이 국제 질서의 변화를 읽지 못하고 위기 신호를 무시했으며, 예상되는 위험에 대비하기는커녕 오히려 이를 악화시키면서 초래한 결과물이었다. 위기 대응의 총체적 부실이라는 측면에서 복기해 볼 만한 사건이다.

위기 신호를 놓치다

우선 그보다 이전인 1627년(인조 5년)으로 가 보자. 이괄의 난으로 인한 충격에서 채 벗어나기도 전에 조선은 정묘호란을 맞았다. 명과의 결전을 앞두고 배후의 위험 요인을 제거하기 위하여 조선으로 진군한 후금(청)은 형제의 맹약을 맺는 것으로 전쟁을 종결했다. 후금은 명나라의 핵심 조공국인 조선이 그들에 머리를 숙였다는 것을 홍보함으로써 명나라 중심의 천하 질서를 흔들 수 있게 되었고, 조선으로부터 얻은 개시(開市)[4]와 세폐(歲幣)[5]를 통해 물자 공급처를 확보하는 등 소기의 성과를 거두었기 때문이다. 조선으로서는 오랑캐라고 무시하던 후금을 '형'으로 모셔야 하는 상황이 탐탁지 않았겠지만 나라의 안위를 지켜 내기 위해서는 불가피한 선택이었다.

그런데 '형제의 예(禮)'로 임시 봉합된 양국 관계는 이내 흔들리게 된다. 특히 1633년(인조 11년) 이후부터 양국은 자주 충돌했다. 예컨대 1633년 1월 25일에 후금은 조선에서 보내온 공물의 양이 부족하고 질도 나쁘다며 수령을 거부했다. 이후에도 번번이 공물 문제로 조선을 질책해 왔다. 실제로 조선은 당초 약속했던 양보다 세폐를 줄여서 보냈기 때문에 이는 조선이 원인을 제공한 것으로 볼 수 있다. 그뿐만이 아니었다. 후금은 조선이 자국 사신을 잘 대우하지 않는다며 문제 삼았고, 개시를 열겠다는 약속을 지키지 않은 점, 도망간 포로를 붙잡아 돌려보내지 않은 점에 대해서도 항의했다. 자세한 내막이 어찌 됐든 이 역시 조선의 귀책사유였다. 그런데 그때마다 조선 조정은 사안을 가볍게 생각하고 눈가림만 하는 수준에서 문제를 해결하려 했다. 후금의 불만 표시에 대해 "저들의 본심은 공물을 늘리기 위한 데에 있다."라고 오판하고[6] 물질적인 이익을 약간 늘려 주는 선에서 덮으려 들었다.

그러나 후금의 뜻은 그것이 아니었다. 물론 경제적인 요구가 포함되기는 했지만, 후금의 근본적인 질문은 '조선이 진정으로 후금과 잘 지내고 싶은 생각이 있는가?'였다. '언제든 정묘호란 때의 약속을 배반하고 명과 함께 자신들을 공격하지 않을까?' 하는 의심이 깔려 있었다. 하지만 조선은 이러한 후금의 불안을 해소해 주지 않았고 결국 전쟁의 시위가 당겨지고 말았던 것이다.

도대체 왜 조선 조정은 위기의 신호를 읽어 내지 못했을까? 왜 안일하게 대응하다가 전란을 촉발하고 말았을까? 그 이유는 무엇보다 조선에게 후금과 진심으로 교류하려는 생각이 없었기 때문이다. 전쟁을 모면하기 위해 화친 협약을 체결했을 뿐, 조선 에게 후금은 여전히 '오랑캐'에 불과했다. 하지만 내심 그렇다 하 더라도 후금과 싸워서 이길 힘이 없다면 관계를 안정적으로 유지 해야 했다. '잘 지내고 싶은 척'이라도 해야 했던 것이다. 한데 조 선은 무성의한 태도를 보이며 상대의 분노를 샀다. 이는 조선의 집권자들이 자신이 보고 싶은 것만 보려 했기 때문이다. 오랑캐에 게 머리를 숙였다는 자괴감에서 벗어나기 위해 상황을 왜곡해 인 식했고, 심지어 저들을 물리칠 수 있을 것이라는 일종의 정신 승 리에 빠져 있었기 때문이다. 그래서 위기를 알리는 신호가 계속 조선으로 향했지만 이를 읽어 내지 못한 것이다.

위험을 키운 리더, 인조

더구나 당시 조선의 리더십은 엉망이었다. 리더인 인조(仁祖, 재위 1623~1649)는 위기의 징후를 파악하고 준비하기는커녕 오 히려 사태를 악화시켰다. 그는 자신의 입맛에 맞는 정보만 받아들 였고 군주로서 책임 있는 자세를 보여 주지 않았다. 말만 앞서고 툭하면 늑장을 부렸다. 처음 후금이 조선의 공물을 거부했을 때

인조는 후금이 "방자하여 무례하기가 그지없다."[7]라며 절교하겠다는 의사를 밝힌다. "우리가 믿는 것도 없이 경솔하게 호랑이와 이리의 노여움을 촉발한 격이니 위태롭다 하겠습니다."라며 만류하는 신하에게 인조는 "오랑캐의 본심이 이처럼 환히 드러났는데 그들이 화를 내지나 않을까 염려하고 있는가?"라며 질타했다.[8] 그리고는 단교를 통보하는 사신을 후금으로 보냈다.

다행히 사신은 평안도에 주둔하고 있던 도원수 김시양과 부원수 정충신에게 발이 묶인다. 전쟁이 벌어질 경우 도저히 후금을 당해 낼 수 없다는 사실을 누구보다 잘 알고 있던 두 사람은 단교를 재고해 달라는 간곡한 상소를 올렸다.[9] 조선군 최고 지휘부의 반대에 인조는 자신의 조치를 철회하면서도 "제멋대로 사신을 붙잡아 두고 조정을 마음대로 하려 들었으니 김시양과 정충신을 참수하여 경계로 삼지 않는다면 무너진 기강을 회복할 수 없을 것이다."라며 이들을 처벌하겠다고 나섰다. 자존심만 내세워 일을 저질러 놓았다가 신하들의 상소를 보고 자기가 실수했음을 깨달았다. 그렇다고 잘못을 인정하기는 싫었던 인조는 애먼 사람에게 화풀이를 한 것이다.

그 뒤에도 인조의 행태는 달라지지 않았다. 오랑캐와 맞서 싸우자며 백성의 총궐기를 주문하고, "적이 침략해 오면 과인이 최전선에 나가 병사들을 격려할 것"[10]이라고 비장하게 말하긴 했지만 어디까지나 말뿐이었다. 군사를 증원하고 적의 침입에 대비하자는 건의에 대해서는 그럴 필요가 없다며 거부했다. 전쟁 준비는 비변사(備邊司)가 할 일이라며 외면했고, 평안도 관찰사에게 보낸 극비 문서가 후금 사신에게 탈취되었을 때도 한가로운 모습을 보였다.[11] 당장 전쟁이 날 것 같은 분위기를 조장했지만 그 어떤 대비도 하지 않은 것이다. 전쟁이 발발했을 때도 인조는 "대신들이 우물쭈물하다가 상황이 이렇게 되었다."라며 남 탓을 한다. 종전 후에는 대대적인 징계와 처벌에 나서기도 했다. 왕 자신의 반성은 그 어디에도 없는 채로…….

이와 같은 인조의 무능함을 보면 누구나 화가 나겠지만, 이는 사실 우리 주위에서 쉽게 발견되는 모습이다. 이 같은 행태는 이른바 '통제 환상(illusion of control)' 때문에 나타난다. 사람들은 불확실성, 특히 위기와 같은 불안 요소를 자신이 제어할 수 있다는 환상을 가짐으로써 심리적인 편안함을 얻는다. 두려움으로부터 도피하고 싶어서이든, 스트레스를 받기 싫어서이든, 그도 아니면 정말 불안을 통제할 수 있다고 착각해서이든, 어느 쪽이든 긍정적인 면만 생각하고 부정적인 현실을 애써 외면한다. 위기가 예상되더라도 이를 과소평가하거나 아예 부정해 버린다. '설마 그렇게 될까?', '위기가 실제로 닥치더라도 충분히 감당할 수 있을 거야.', '아직 준비할 시간은 충분해. 나중에 하지 뭐.' 하고 생각한다. 그러다가 막상 위기가 눈앞에 닥치면 우왕좌왕하는 것이다. 이는 국가나 기업 같은 거대한 조직뿐 아니라 우리의 일상에서도 종종 일어나는 일이다.

임금이 이렇다 보니 조정의 위기 대응 시스템도 정상적으로 작동하지 못했다. 병자호란이 일어나기 한 해 전인 1635년까지도 주목할 만한 움직임이 전혀 보이지 않는다. 1636년(인조 14년) 2월, 후금이 황제의 나라를 자처하고 나서야 '큰 사달이 날 것 같으니 대비해야 하지 않을까?' 하는 인식이 나타나는 정도다. 이때 후금의 통치자 홍타이지(皇太極)는 국호를 청으로 바꾸고 황제로 즉위하면서 "조선은 형제의 나라니 이 문제를 의논하지 않을 수 없다."[12]라며 사신을 보냈다. 자신의 편에 설 것인지, 아니면 거역할지 양자택일하라는 것이었다. 명나라와의 의리를 목숨처럼 여기던 조선의 지배층으로서는 결코 받아들일 수 없는 요구였다. 결국 조선은 명나라를 선택했고, 후금의 요구를 거절한 이상 저들의 공격에 대비하는 것은 마땅한 수순이었다.

그런데 이처럼 위기가 뻔히 예상되는 상황에서도 조선은 적극적으로 움직이지 않았다. "오랑캐 사신이 화를 내고 돌아갔으니 우리나라는 끝내 오랑캐의 침략을 당할 것입니다. 마땅히 방어할 방도를 강구해야 합니다."[13]라는 상소가 올라왔고 "온 나라가 황황하여 아침저녁을 보장할 수 없는데 전하께서는 구중궁궐에 아무 말 없이 깊이 앉아 있기를 전과 다름없이 하고 있으며, 묘당의 신하들도 아무렇지 않게 편안히 있는 것을 지난날과 다름없이 하고 있습니다. 모르겠습니다만, 이미 오랑캐의 손발을 묶을 계책이 서 있는 것입니까?"라며 무사안일한 태도를 성토하는 발언도 나왔다.[14] 하지만 딱 거기까지였다. 분연히 일어나 오랑캐를 물리치자는 척화(斥和)의 말잔치만 벌였을 뿐 아무런 준비도 하지 않았다. 최명길만이 "참으로 조정의 뜻이 척화에 있다면 어찌 논의하는 말들이 몽롱하여 한 가지도 시행하지 않는단 말입니까? 정해 놓은 계책이 없이 이리저리 둘러대는 말에 불과합니다.", "사간원의 건의를 받아들여 나가 싸우거나 물러나 지킬 계책을 정하지도 않고, 그렇다고 신의 말을 받아들여 전쟁의 화를 완화할 계책을 세우지도 않으니, 적들이 쳐들어오면 하루아침에 생령이 어육이 되고 종사(宗社)는 파천(播遷)하게 될 것입니다."라며 위기에 대비해야 한다고 계속 역설했을 따름이다.[15] 최명길은 전방에 최고 지휘부를 설치하여 임금이 직접 임전무퇴의 각오로 싸우겠다는 뜻을 밝히고, 오랑캐의 정황을 상세하게 탐색하며, 혹시라도 화친할 여지가 있다면 외교 관계를 유지하여 훗날을 도모해야 한다고 건의했다. 그러나 받아들여지지 않는다.

더욱이 당시 조선 조정은 청으로 보내는 외교 문서에 나라의 이름을 '후금'이라고 적을 것인지 아니면 '청'이라고 표기할 것인지 하는 문제에 골몰해 있었다. '청'이라고 하면 황제를 참칭한 저들의 만행을 묵인해 주는 것이니 불가하다는 의견과 화친을 유지하기 위해 국호 정도는 인정해 주자는 의견이 대립하며 또 몇 달의 시간을 허비했다.[16] 형식에 집착하고 명분 논쟁을 벌이느라 목적에 다가온 전쟁의 위협은 도외시한 것이다. 청군의 출병이 임박했다는 정보가 들어왔을 때조차 조선은 어물어물했는데, 최명길은 이를 강하게 비판했다.

> "무엇 때문에 우리 스스로 많은 사단을 만들고 시일을 끌어
> 가면서 오랑캐로 하여금 괴이하고 의아해하는 마음을 갖게
> 하는 것입니까? 근래에 오랑캐는 본디 별다른 뜻이 없었는데
> 우리나라가 먼저 도리를 잃은 것이 많습니다. 봄에 보내기로
> 한 세폐를 아직 다 수송하지도 않았으니 우리의 신의는 도리
> 어 오랑캐만도 못한 것입니다." [17]

이 위기를 초래한 책임은 그 누구도 아닌 우리 스스로에게 있
다는 것이다. 그리고 12월, 청군이 조선의 국경을 넘었다.

전쟁 중에도 조선의 대응은 한심했다. 전세가 모두 기울어지
고 청나라에 항복하는 길밖에 없다는 것을 알면서도 그저 상황을
모면하려 했다. 김상헌처럼 확고한 신념에 따른 것이라면 높이 평
가라도 하겠지만, 인조를 비롯한 대다수 신하들은 어떻게 하면 오
랑캐에게 머리 숙였다는 비난을 피할지에만 골몰했다. 이러한 조
선의 태도는 위기를 더욱 심화시켰는데, 1637년 1월 실록의 기록
은 답답함의 연속이다. 청나라에 보내는 국서에 '신(臣)' 자를 쓸
지 말지를 논의하느라 하루,[18] 국서를 보낼지 말지를 논쟁하느라
하루,[19] 국서에 쓰인 글자의 잘잘못을 따지느라 하루[20]를 허비했
다. 신하들의 반대로 '폐하(陛下)'라는 칭호를 빼고 보냈다가 청군
이 접수를 거부하자 부랴부랴 글자를 추가하기도 했다.[21] 남한산

성에 있던 백성과 병사들이 하루에도 수없이 굶어 죽고, 얼어 죽는 상황에서 말이다. 게다가 항복 조건을 협상하는 과정에서도 다른 부분, 이를테면 국가와 백성에게 큰 부담이 되는 공물량을 줄일 생각은 하지 않았고, 오로지 인조가 남한산성 밖으로 나가 항복하는 것을 피하는 데에만 집중하면서 또 며칠을 낭비했다.[22] 인조가 청으로 끌려갈지도 모른다고 걱정했기 때문이다.

아울러 정상적인 조직이라면 위기가 종료된 뒤에는 반성적 성찰을 통해 위기 대응력과 복원력(resilience)을 키우고자 힘썼을 것이다. 이제라도 체계적인 프로세스를 정립하고 위기관리 시스템을 정비했을 것이다. 그래야 같은 위기를 반복하여 겪지 않고, 어떤 위기에도 적극 대응할 수 있는 힘을 가질 수 있기 때문이다. 한데 조선은 전쟁이 끝나자마자 책임 소재를 가리는 일에 몰두했다. 인조는 대대적인 징계와 처벌에 나섰는데 신하들도 마찬가지였다. 전쟁 중의 처신과 잘잘못을 두고 서로를 공격하는 데에 열을 올렸다.

조선 지도층의 협소한 시각과 국제 질서 변화에 대한 이해 부족도 사태를 악화시켰다. 병자호란 전후로 이루어진 명청 교체는 동아시아의 판 자체를 뒤집고 게임의 규칙을 바꿔 버린 거대한 변화였다. 절대 강자였던 명나라가 쇠락하고, 조선이 그동안 오랑캐라고 무시했던 여진족이 중원 제패를 앞두면서, 조선은 그때껏 경험하지 못했던 국제 질서와 마주해야 했다. 명이라는 유일의 초강

대국 체제에서 구축한 사대 질서는 임진왜란 등 기존의 조선이 겪었던 위기를 극복하게 해 준 힘이었지만, 새로이 변화된 환경에서는 오히려 장애물로 작용하게 되었다. 즉 '역량 파괴적 환경 변화(competence-destroying environmental change)' 속에서 존주대의(尊周大義), 사대주의라는 기존의 성공 공식은 환경의 변화에 대응하는 것을 가로막았고 심지어 덫이 되어 버렸다. 기존 체제를 근본적으로 재설계하여 청이 주도하게 될 신(新)국제 질서에 편입하고, 여기에 걸맞은 변화된 방식을 채택해야 위기를 극복할 수 있었다. 그러나 명과의 사대 질서를 유지함으로써 그럴 수 있는 가능성을 막아 버린 것이다.

물론 병자호란 당시 조선의 사대부들이 중시했던 대의명분은 지금의 관점에서 함부로 재단할 수 있는 것이 아니다. 하지만 그 배경에 어두운 국제 인식이 자리하고 있었던 점은 분명히 아쉽다. 척화파의 거두 김상헌은 청과의 화친에 반대하며 "의리가 아닌 이해를 가지고 논한다 하더라도 강포한 이웃의 일시적인 사나움만 두려워하고 천자의 군대를 두려워하지 않는다면 이는 원대한 계책이 못 된다."[23]라고 주장했다. 굳이 명나라와의 의리를 거론하지 않더라도 향후 명나라의 응징을 받을 수 있기 때문에 청과 화친해서는 안 된다는 것이다. 이즈음 명나라 곳곳에서 반란이 창궐하고 청이 명을 압도하고 있었음을 생각할 때, 이는 국제 정세를 읽지 못한 순진한 발언으로 볼 수 있다. 조선의 사대부들이 척화를 고집하다가 전쟁의 참화를 초래하고 굴욕적으로 항복하게 된 데에는 이러한 어두운 인식도 주요한 요인이 되었을 것이다.

서울 송파구 잠실동에 위치한 석촌 호숫가에는 청나라의 요구로 만들어진 삼전도비가 아직도 남아 있다. 비문에는 이렇게 적혀 있다. "처음에는 미욱하여 알지 못하고 스스로 재앙을 불러왔는데 황제의 밝은 명령이 있음에 자다가 깬 것 같았다."[24] 청나라에 대한 굴욕적인 표현이지만 사실도 이와 다를 것이 없었다. 조선은 닥쳐오는 위기의 신호를 알아차리지 못했고 대책도 없이 위험을 키우다가 병자호란이라는 재앙을 불러들였다. 그리고 전쟁의 참화를 겪고 나서야 비로소 지난 과오를 깨달은 것이다. 아니 과연 진정으로 깨달았을까?

note 02
광무개혁

"짐이 누차 사양하였지만 끝내 사양할 수 없게 되어 9월 17일 (양력 10월 12일) 백악산 남쪽에서 하늘과 땅에 고유하는 제사를 지내고 황제의 자리에 올랐다. 국호는 '대한(大韓)'으로 정하고 올해를 광무(光武) 원년으로 삼았으며 왕후 민씨를 황후로, 왕태자를 황태자로 책봉하였다. …… 낡은 것을 없애고 새로운 것을 도모하며 교화(敎化)를 펼쳐 풍속을 아름답게 하려하니 천하에 선포하여 모두가 들어 알게 하라."[1]

1897년 10월 13일, 조선 왕조는 황제가 다스리는 제국으로 탈바꿈했다. 중국과의 오랜 사대 조공(事大朝貢) 관계를 끝내고 자주독립국이 된 것이다. 그런데 왜 굳이 '황제'의 '제국'이어야 했을까? 이것이 그렇게도 필요한 일이었을까? 불과 몇 달 전까지만 해도 임금이 신변의 위협을 느껴 외국 공사관으로 피신해 있어야 했던 나라,[2] 심지어 대궐을 침범한 외국군의 손에 국모를 잃어야 했던 나라[3]가 내실을 다지고 국력을 키우기 위해 애쓰는 것이 아니라, 막대한 비용을 써 가며 황제 즉위식을 올리고 겉으로 자주국임을 내세운다고 해서 문제가 해결될 수 있는 것일까? "대황제가 계셔야 자주독립이 되는 것이 아니라 왕국이라도 황국과 같은 대접을 받을 권리가 있는 것이다. 지금 조선에 제일 긴요한 일은 자주독립의 권리를 남에게 잃지 않는 것"[4]이라는 《독립신문》의 논설은 바로 이 점을 지적하고 있다.

물론 동아시아 전통 질서에서 왕은 황제의 신하다. 조선의 군주가 청나라의 '황제'나 일본의 '천황'과 형식적으로라도 대등하려면 황제가 될 필요가 있었을 것이다. '왕의 나라'는 번국(藩國), 즉 황제에게 예속된 제후의 나라라는 것이 수천 년 동안 사람들의 머리에 뿌리박힌 인식이었다. 이 인식에서 벗어나기 위해서는 '칭제(稱帝)'가 부득이한 일이었을 수 있다. 하지만 그보다 시급한 일이 무엇이겠는가? 겉으로 제국이 되고 황제가 되는 것보다는 부국강병을 위한 실질적인 대책 마련이 선행되었어야 한다. 이 조치가 주한 외교 사절의 비웃음을 샀던 것도 그 때문이었다. 일본의 변리 공사 가토 마스오(加藤增雄)가 자국 외무성에 보낸 전문을 보자.

"조선 국왕 측에서 본 공사관에 여러 차례 의견을 묻고 다른 외교 사절에 잘 주선해 달라고 부탁한바, 본관이 왕래 방문할 때마다 각국 사절의 의향을 살폈습니다. 대부분 이것을 논할 만한 가치가 없다며 냉정하게 평가하고 심지어 망령되어 제정신이 아닌 행동으로 여기는 형세였습니다. 이에 본관은 조선 국왕의 문의에 대하여 각국 사신의 의향과 태도를 전달하고 '각국에서 승인하지 않으리라는 것을 알면서 행하는 것은 무익하며, 쓸데없이 남의 치소(嗤笑)를 불러일으킬 것입니다. 정치를 잘하도록 힘쓰면서 국력의 발달을 기다려 서서히 행하는 것만 못합니다.'라며 아직 시기가 빠르다고 간곡히 권고하였습니다. …… 그런데도 조선 국왕은 결국 이를 결행하기에 이르렀습니다."[5]

조선이 황제국이 되는 것을 용납하지 못했기에 일본이 이런 반응을 보인 것은 아니다. 일본은 조선의 제국 선포를 가장 먼저 인정하였는데,[6] 프랑스 공사 콜랭 드플랑시(Collin de Plancy)에 따르면 "일본은 독립국의 군주를 가리키는 의전 용어로 단 하나의 표현 '코테이(皇帝)'를 사용해 왔다. 하와이의 옛 왕도 그렇게 불렸고 오직 조선의 국왕만 지금까지 황제로 불리지 못했을 뿐이다."[7] 일본에게 '황제'는 외국 국가 원수에 대한 일반적인 호칭이므로 고종(高宗, 재위 1863~1907)을 황제로 부르는 것 또한 전혀 문제가 되지 않았다. 따라서 가토 공사의 전문은 조선에 나와 있는 외국 사절들의 반응을 사실에 가깝게 전한 것이라고 볼 수 있다.

황제를 위한 개혁

일은 벌어졌고 고종은 황제가 되었다. 국호를 바꾸고 자주독
립국으로서 세계 각국과 어깨를 나란히 하겠다는 목표를 세운 이
상, 이제 그에 걸맞은 혁신이 필요했다. 그리하여 대한 제국은 7년
여에 걸쳐 국정 전반의 개혁을 추진하였는데 이것이 이른바 '광무
개혁(光武改革)'이다. 이 기간은 삼국 간섭(三國干涉)[8] 등으로 인
해 일본의 영향력이 크게 줄어든 때로 자주적인 개혁을 추진할 수
있는 절호의 기회였다.

구체적인 내용을 살펴보면, 우선 새 나라의 헌법이라고 할 수
있는 대한국 국제(大韓國國制)가 선포되었다.[9] 고종은 "나라를 다
스리는 사람은 반드시 나라의 제도를 반포하여 보임으로써 정치
와 군권(君權)이 어떠한지를 명백히 밝혀야 한다. 그런 후에야 신
하와 백성들이 법을 준수하여 어기는 일이 없도록 할 수 있다."라
며 '국제'를 제정하라고 명령했는데 이에 따라 만들어진 것이 대
한국 국제이다. 그런데 모두 9조로 구성된 이 국제는 황제권의 절
대화에만 초점이 맞추어져 있었다. 2조에서 "만세토록 불변할 전
제 정치(專制政治)"를 내세웠고 3조에서는 "대한국 대황제는 무
한한 군권(君權)을 지니고 있다."라고 하였다. 4조에서는 황제
의 권한과 권위를 침해하는 자는 "행했든 행하지 않았든 막론하
고 신민의 도리를 잃은 자"로 규정한다고 하였으며 5조에서는 황

제의 군 통수권과 계엄권을 명시하였다. 6조에는 법률 제정과 반포, 집행의 명령권을 황제에게 두었으며 7~9조에서는 나라의 인사권과 행정권, 외교권은 모두 황제에게 있다고 명시하였다. 이는 강력한 힘을 갖는 황제를 중심으로 일사불란하게 난국을 돌파해 가겠다는 의도였겠지만, 내각의 역할과 백성의 인권 및 재산권 보호 등을 천명한 갑오개혁의 홍범 14조에서 크게 후퇴한 것이다. 입헌 군주, 의회 제도, 민중의 권리 등 발전된 정치 제도에 대한 비전이 전혀 담겨 있지 않을 뿐 아니라 하다못해 군주의 자기 규제와 백성에 대한 책임을 강조하는 전통적 유교 이념조차 배제되었다. 구성원에 관한 관심은 어디에도 없고 오로지 황제권의 수호와 절대화를 통해 지배 권력을 유지하겠다는 방어적이고 수구적인 태도가 강하게 느껴진다.

이와 같은 입장은 군사 제도 개혁에서도 같게 적용되었다. 국가 안보라는 본연의 목적보다는 황제를 호위하는 근위부대 양성과 체제 유지에 치중하였고. 군사력 증강과 지휘 체계 정비 역시 군대의 역량을 효율적으로 강화하기보다는 어떻게 하면 황제가 군대를 효과적으로 장악할 수 있는지에 초점을 두었다. 그러다 보니 국가 예산의 40퍼센트 가까이 국방비에 투입했으면서도 별다른 성과를 거두지 못하게 된다.

이 밖에 대한 제국 정부는 양전(量田)과 지계(地契)사업을 대대적으로 추진하였다. 전국의 토지를 측량하는 양전과 토지 문서를 발급하는 지계는 외국인의 토지 침탈을 방지하고 민간의 토지 소유권을 인정하며, 이를 국가가 종합적으로 관리하겠다는 목적 아래 시행된 것이다. 세원(稅源)을 명확히 함으로써 세수를 늘리고 지세(地稅)를 정비하겠다는 이유도 있었다. 그뿐만이 아니다. 금융 제도를 개혁하고, 철도, 광산, 해운 산업의 중요성을 인식하여 그 개발과 이권의 보호를 위해 노력하였다. 관영 공장을 설립하여 상공업 진흥을 시도하기도 했다. 모두 근대적 경제 질서를 확립하기 위한 정책들이었다.

이 같은 조치들은 일부 긍정적인 결과를 가져왔지만 이내 한계에 부딪혔다. 그 이유는 첫째, 중장기적인 비전이 제시되지 않았고 정책 운용이 일관되지 못했기 때문이다. 세밀한 연구나 준비 없이 그저 서양의 것을 모방해 '좋은 제도라니 어디 한번 시행해 볼까?' 하는 식의 아마추어적인 대응이 계속되었다. 둘째, 경제 제도의 중심이 황실이었고, 황실 재정 증대에 일차적인 목표를 두었기 때문이다. 그러다 보니 재정의 선순환 구조를 만들지 못하였으며, 국내 산업 육성과 재정 지출 절약, 상업 발전, 국민 소득 증대를 위한 노력에 소홀하였다.

다음으로 대한 제국은 외세의 침탈에 맞서 근대화를 이루고 국력을 배양하기 위해서는 무엇보다 교육과 인재 양성이 중요하다고 판단하였다. 그런데 갑오개혁 당시 신학문을 위주로 했던 교육 기조가 대한 제국에 들어서 동도서기(東道西器), 구본신참(舊本新參)으로 전환되면서 문제가 생겨났다. 이는 전통 유교 이념의 토대 위에 서양의 문물과 학문을 수용하겠다는 것으로서, 본질을 바꾸지 않은 채 기교만 습득하겠다는 것과 다름이 없었다. 고종은 "공자의 도에 더욱 매진하라."라며 전국에 유학(儒學)을 장려하는 조서를 내리고 성균관 교육을 강화하라고 명령하였는데[10] 같은 날 서양의 신학문과 산업 전문 기술을 갖춘 인재를 육성하라는 조령(詔令)도 내린다.

"나라에 학교를 설치하는 것은 인재의 지식과 견문을 넓히고 더욱 정진하게 함으로써, 만물의 도리를 알고 일을 처리하여 성공시키며, 기물의 사용을 편리하게 하여 재물을 풍부하게 하는 기초로 삼자는 것이다. 현재 세계 각국의 기세가 나날이 상승하여 당할 자가 없을 만큼 부강해지는 것이 어찌 다른 데에 원인이 있겠는가? 이치에 맞는 학문에 종사하고 사물의 이치를 연구하며, 정밀한 지식을 더욱 정밀하게 하고 기묘한 기계를 날이 갈수록 더 새롭게 만들어 가는 데에 지나지 않는다. 나라를 다스리는 일에 이보다 앞서는 것이 어디에 있겠는가? 우리나라의 인재가 외국보다 크게 못하지 않은데 다만 일상적인 교육이 없었기 때문에 인민의 식견이 열리지 못하고 농상(農商)의 공업(功業)이 진흥하지 못하여 백성의 삶이 날로 쇠락하고 나라의 재정도 갈수록 궁해 가고 있다. 한데 새로 설치한 학교는 겨우 형식을 갖추는 데에 그치고 교육의 방도에는 어두워 5~6년 동안 조금도 진전된 성과가 없다. 상공(商工) 학교의 경우 더욱더 급선무라 할 수 있으나 지난해에 명령을 내렸는데도 아직도 개설하지 못하고 있다. 대체 이와 같게 질질 끌어서야 무슨 일을 할 수 있겠는가? 진실로 개탄할 노릇이다."[11]

고종의 지시는 서로 다른 성격의 학문을 함께 진흥시키라는 것이었다. 정신문명과 물질문명, 인문학과 실용 기술이라는 측면에서 병진할 수 있다고 생각했는지는 모르지만, 동양의 정신과 서양의 기술은 서로 이질적인 사유 구조와 세계관을 가졌기 때문에 융합하기 힘든 관계였다. 더욱이 달라진 환경에 적응하지 못한 기존의 문화와 사유 체계를 그대로 유지하면서, 심지어 그것을 더욱 강화하면서 새로운 변화를 끌어낸다는 것은 애당초 잘못된 판단이었다.

결국 광무개혁은 자주독립국으로서 대한 제국의 위상을 확립하고 근대화를 이루겠다는 목표를 완수하지 못한 채 좌초하게 된다. 물론 광무개혁이 실패하게 된 직접적인 원인은 외부 환경, 즉 일본에 있다. 러일 전쟁을 승리로 이끈 일본이 한반도 침탈을 다시 시작하면서 대한 제국의 독자적인 개혁 노력을 방해하고 무산시킨 것이다. 그런데 이 변수는 충분히 예측 가능한 것이었다. 일본은 1875년 운요호 사건을 일으킨 이래 갑신정변, 동학 농민 혁명, 을미사변 등 주요 사건마다 일본은 조선에 계속 개입해 왔고 침략 야욕을 보여 왔다. 삼국 간섭으로 인해 잠시 소강상태이기는 했지만 조선의 내정에 간섭해 온 일본의 행태는 언제든 되풀이될 수 있는 것이었다. 따라서 이에 미리 대비했어야 했다. 하지만 당시 대한 제국은 일본의 재침탈을 예상하고 전략적으로 준비하는 모습을 보여 주지 않았다. 외부 환경의 압력이 너무나 압도적이어서 설령 사태의 전개를 막을 수 없다고 하더라도 대비하고자 노력한 것과 아무런 대비도 하지 않은 것은 큰 차이를 만들어 내는데도 말이다.

광무개혁이 실패하게 된 근본적인 원인은 개혁의 방향을 잘못 설정한 데에 있다. 광무개혁은 황권과 국권을 동일시하여 황실을 보호하는 데 집중하고 황제에게 절대적인 권력을 부여하였다. 이것으로 나라를 지키고 난국을 해결할 수 있다고 생각한 것이다. 무릇 과거의 문제들과 근본적으로 다른 새로운 문제와 마주할 경우, 기존의 프로세스와 가치는 문제를 해결하는 데에 아무런 도움을 주지 못한다. 조선은 열강의 침탈과 서구 과학 기술 문명의 전파라는 이제껏 경험한 적이 없는 도전을 마주했다. 그러나 그에 대응하는 방법이 지배층의 권력 강화였다는 점은 전근대적인 방식에서 한 발짝도 벗어나지 못한 것이다. 만약 서양의 계몽 군주들이 그랬던 것처럼, 변화가 절실하다는 것을 인식한 황제가 비전을 제시하고 강력한 개혁을 선도했다면 대한 제국의 황제권 강화 또한 의미를 가질 수 있었을 것이다. 그러나 황제의 인식이 과거와 변함이 없고 지배층의 사고방식도 달라지지 않은 상황에서 권력만 강화하는 것은 곧 기존의 논리와 방식을 더욱 고수하겠다는 것이나 다름없다. 대한 제국의 헌법인 대한국 국제에 제시된 새 국가의 비전이 오로지 황제의 강력한 통치권뿐이라는 점은 이 나라의 빈약한 상상력을 여실히 보여 준다.[12]

아울러 전문 인력이 부족한 점, 개혁의 주도 세력이 구축되지 않은 점, 개혁이 일관성 있게 추진되지 못한 점도 개혁이 실패하게 되는 원인으로 작용했다. 변화에 대응하기 위해서는 그에 따른 새로운 기술과 새로운 역량을 갖춘 인력이 필요하다. 예를 들어 광무개혁의 성공을 위해서는 이전까지 한국인들이 접한 적이 없었던 국제 관계와 통상법, 영어와 러시아어 등의 외국어, 서양 의학, 과학 기술 등의 실용 학문과 철도, 전화, 전기, 광산 채굴 등 새로운 분야에 대한 전문 지식이 요구되었던 것이다. 이러한 역량을 갖춘 인력이 공급되어야 외국의 손을 빌리지 않고 독자적인 혁신에 나설 수가 있다. 대한 제국 정부도 전문 인력을 양성하기 위해서 학교를 세우는 등의 노력을 했지만 재정을 제대로 투입하지 못하여 원하던 만큼의 결과를 거두지 못했다. 국가의 재정 상태가 워낙 좋지 않았던 탓도 있었지만, 교육이 우선순위에서 밀렸기 때문이었다.

개혁의 주도 세력이 구축되지 않은 점도 문제였다. 김옥균, 유길준, 박영효 등의 급진 개화파와 김홍집, 어윤중, 김윤식 등의 온건 개화파가 모두 사라진 상황에서[13] 대한 제국 정부 안에는 서구 문명을 잘 이해하고, 개혁을 이끌어 갈 수 있는 전략과 능력을 갖춘 인물이 존재하지 않았다. 혁신은 리더 한 사람의 힘만으로 이룰 수 없다. 리더를 보좌해 비전을 창출하고 구성원들에게 그 비전을 전파하며, 세부적인 기획을 세우고 장애물을 제거하는 데 앞장설 수 있는 참모진이 필요하다. 즉 강력한 개혁 지도부가 존재해야 하는데, 대한 제국에는 그러한 역할을 할 수 있는 신하가 없었다. 신하들은 나라의 개화와 근대화를 선도하기는커녕 세계 질서의 변화와 문명사적 전환에 대한 최소한의 이해도 갖추지 못했고, 개혁의 필요성을 절감하는 신하도 찾아보기 힘들었다. 이런 여건에서 개혁이 성공을 거두기란 힘든 일이었을 것이다. 개혁이 일관성 있게 추진되지 못한 이유도 바로 여기에 있다.

지금까지 살펴본 광무개혁은 오늘날 우리에게도 반면교사가 될 수 있다. '제국'을 천명하면서까지 야심차게 시작한 광무개혁은 외부의 압력과 내부의 실패가 중첩되며 좌절했다. 외부적으로는 일본이라는 위험 요인에 제대로 대응하지 못했다. 힘의 차이가 워낙 컸기 때문에 역부족이었다고 변명할 수도 있을 것이다. 그러나 위험에 대해 치밀하게 전략을 세워 대처했는가, 능동적으로 최선을 다했는가 묻는다면 그렇다고 대답할 수 없을 것이다. 내부적으로는 더욱 상황이 심각했다. 개혁의 방향을 잘못 설정했고 개혁을 선도할 세력도 부재했다. 기존의 틀에서 벗어나지 못했으면서 새로운 패러다임을 강조하다 보니, 이도 저도 아니게 되어 버렸다. 특히 심각한 것은 리더십이었다. 개혁을 추진하기 위해 리더의 힘을 강화하는 사례는 쉽게 발견할 수 있다. 불확실성에 대비하며 혁신을 촉진하고, 갈등을 조율하여 공동체의 역량을 하나로 모으기 위해서는 리더가 강력한 리더십을 발휘해야 하기 때문이다. 한데 광무개혁은 개혁을 위해 리더의 힘을 강화한 것이 아니라, 리더의 힘을 강화하는 것이 개혁의 목표가 되어 버렸다. 앞뒤가 바뀐 것이다. 이러한 목적 전치 현상은 지금도 자주 발견되지 않는가? 개혁을 생각하고 있는 리더라면, 개혁의 목적이 무엇인지, 나는 그 목적을 위해 올바른 방향으로 정당하게 리더십을 행사하고 있는지를 늘 유념해야 한다.

note 03
세종의 재난 대응

"최근에 가뭄으로 인한 재앙이 겹쳐서 곡식이 풍성하지 못하니 백성이 어찌 살아갈지 참으로 염려된다. 비록 하늘이 주는 변고를 예측할 수 없지만 사람이 할 수 있는 일은 남김없이 다 해야 한다. 그대들은 각기 직책에 나아가서 맡은 바 임무에 힘쓰라."[1]

지진, 가뭄, 수해, 화재, 태풍, 전염병……. 예나 지금이나 반복되는 재난들이다. 그런데 재난은 인간의 힘으로는 어쩔 수 없는 경우가 많다. 언제 일어날지 예측할 수도 없다. 인위적 요인에 의한 화재를 제외하면 자연의 움직임이 원인이기 때문이다. 물론 그렇다고 가만히 있을 수는 없다. 인간이 재난의 발생을 막을 수는 없지만, 인간이 어떻게 대비하고 대응하는지에 따라 재난의 결과는 크게 달라진다. 피해를 최소화하는 것이 바로 사람의 역할이다. 그래서 세종(世宗, 재위 1418~1450)은 "천재(天災)와 지이(地異)가 일어나고 일어나지 않고는 사람이 어찌할 수 없는 것이지마는 그에 대한 조치를 잘하고 못하고는 사람이 능히 할 수 있는 일이다."라고 말한 바 있다.[2]

이번 장에서는 조선, 특히 세종의 재난 대응을 살펴본다. 과학기술이나 위기 대응 시스템이 지금보다 훨씬 뒤떨어진 시대지만 '그럼에도 불구하고' 우리가 본받아야 할 점들이 있다. 어떻게 재난을 예방하고 대비했는지, 재난이 발생한 후엔 어떻게 맞섰는지, 또한 사후 조치는 어떠했는지 등이 우리가 눈여겨봐야 할 부분이다.

우선 세종은 '예방'을 강조했다. 그는 평소 재난의 작은 기미만 보여도 즉각 대응했다. 큰 비가 내리면 곧바로 침수 상황을 확인하고 수재 발생이 우려되는 곳을 점검하게 하였으며[3] 여러 날에 걸쳐 비가 내릴 때는 "반드시 수재(水災)가 있을 것이니 수문(水門)을 열어 물이 통하게 하고 관원들이 밤새 순시하도록" 했다.[4] 겨울에 갑자기 날씨가 따뜻해지자 "강의 얼음이 얇아져 사람이 빠질까 염려된다. 각 나루터에서는 얼음을 깨고 사람을 건너게 하라."라는 지시를 내릴 정도였다.[5] 사고 예방에 대한 세종의 철저함은 더 말할 필요가 없을 것이다.

이는 장기적인 대응에서도 다르지 않았다. 여유가 있는 고을의 곡식을 흉년이 예상되는 고을로 옮겨 놓게 하는 등[6] 언제 닥칠지 모를 재난에 대비하여 구휼 물품을 항시 준비하도록 했다.[7] 식량 외에 종자용 곡물을 추가로 지원했는데 이것도 같은 맥락에서 이해할 수 있다.[8]

이 밖에도 세종은 구휼 행정 전반을 정비했다. 그는 흉년이 든 지역의 수령에게 구휼미를 사용할 수 있는 재량권을 부여했는데[9] 상급 기관의 허가를 받느라 백성을 살릴 수 있는 '골든 타임'을 놓치지 말라는 것이었다. 백성이 먹을거리를 찾아 식량이 풍족한 지역으로 이동하는 것도 허용했다.[10] 풍년이 든 지역에서는 진제장(賑濟場)을 설치하여 이들 유랑민을 구제하도록 조치했다.[11] 또한 형편이 좋지 않거나 병든 백성을 선제적으로 조사하여, 재난이 발생하면 반드시 고을 수령이 직접 다니며 이들의 상황을 확인하고 구제하게 했다.[12] 이러한 책임을 다하지 못해 백성 구제에 실패할 경우, 그 수령은 곤장 90~100대의 엄중한 처벌을 받는다.[13] 나라에서 신속하고도 시의적절한 대응을 펼치게 함으로써 재난에 따른 피해를 줄이고자 노력한 것이다.

최고 전문가를 현장 지휘관으로

그런데 이처럼 재난에 대비하고 신속히 대응한다고 해도 재난의 강도가 너무 세서 사태가 걷잡을 수 없을 때가 있다. 개별 도

(道)나 군현의 역량만으로는 재난을 해결할 수 없기 때문에 국가 차원에서 개입해야 하는 상황이다. 이 경우에는 무엇보다 컨트롤 타워가 중요하다.

1436년(세종 18년)으로 가 보자. 몇 년째 전국적으로 흉작이 계속되면서 백성들은 굶주림에 시달렸다. 특히 충청도가 심각한 상황이었는데 세종은 충청도 관찰사에게 다음과 같은 교지를 내린다.

"근래에 굶주려 죽는 백성이 대단히 많다고 들었다. 내가 심히 송구하게 여긴다. 그런데 왜 경은 이러한 사정을 한 번도 보고하지 않는가? 이미 죽은 사람들은 몰래 구렁에 버려서 알 수 없었다 하더라도 빈사지경에서 신음하고 배곯아 파리한 자 또한 많을 것이니, 감사와 수령이 다방면에서 두루 살핀다면 어찌 알지 못할 리가 있겠는가? …… 만약 마음을 다해 구휼하여 살린다면 반드시 백성들이 사망하는 지경에까지 이르지는 않을 것이다. 내가 사람을 파견하여 상황을 조사할 것이니 경은 온 힘과 마음을 다하여 널리 살피고 구휼하여 단 한 사람의 백성이라도 목숨을 잃는 일이 없도록 하라."[14]

그리고 세종은 곧바로 판중추원사(判中樞院事) 안순(安純)을 도순문 진휼사(都巡問賑恤使)로 삼아 충청도로 파견하며[15] 승려 중에 자비심이 있는 자를 택해 아침저녁으로 음식을 진휼 공급하게 할 것, 별도의 공간을 마련하여 노인과 어린아이, 병든 자를 거처하게 하여 구료(救療)할 것, 먹을 것을 찾아 다른 고을로 떠난 사람의 집과 논밭을 지켜 줄 것, 구휼 임무를 제대로 수행하지 못한 사람의 죄를 엄히 묻고 공을 세운 사람은 직급을 올려 줄 것, 일을 편의대로 처리한 후 보고할 것이라는 이상의 다섯 가지 지침을 내렸다. 상벌권과 '선조치 후보고'의 재량권을 부여해 줌으로써 지휘 체계를 확립하고 현장 중심의 능동적인 대응이 가능하도록 한 것이다. 종1품 재상급 대신을 최고 구휼 책임자에 임명한 것도 주목할 만하다. 효과적인 구휼을 위해서는 충청도 전체를 지휘해야 할 뿐 아니라 다른 도, 중앙 정부 기관의 협조도 이끌어 내야 한다. 따라서 중앙의 삼정승을 제외하면 가장 높은 직급의 대신을 파견함으로써 권위를 확보한 것이다.

세종이 고려한 것은 그뿐만이 아니었다. 충청도 도순문 진휼사 안순은 바로 얼마 전까지 10년 넘게 호조 판서로 재임했을 뿐 아니라 당시에도 판호조사(判戶曹事)[16]를 겸직하고 있었다. 게다가 충청도 관찰사까지 역임한 바 있는 인물이다. 충청도 각 고을의 사정을 소상히 파악하고 있었고 충청도를 비롯하여 전국 팔도의 각 고을, 중앙 각 기관의 재정 상태, 곡식 보유 상황을 훤히 꿰고 있었다.

혹시라도 문제가 될 수 있는 소지를 최소화하면서 신속하고 정확하게 구휼 조치를 취할 수 있는 최적임자였던 것이다. 실제로 안순은 짧은 시간 안에 충청도 구휼에 성공하고 죽을 위기에 처했던 많은 백성들을 살려 냈다는 평가를 받는다.[17] 안순의 방법이 모범 사례로 각 도에 전파되기도 했다.[18] 이러한 전문가 중심의 위기 대응 방식은 세종의 재위 기간 내내 일관됐는데, 천재지변과 전염병, 기근이 심각한 상황에 이른 고을에는 그 지역 수령이나 관찰사를 역임하고 해당 분야 업무를 소상히 파악하고 있는 대신을 책임자로 임명하여 재빨리 내려보냈다. 덕분에 피해를 조기에 수습하는 성과를 거두게 된다.

소를 잃었으면 외양간을 고쳐라

다음으로 살펴볼 것은 재난이 끝난 뒤에 세종이 행한 사후 조치다. 보통 '소 잃고 외양간 고친다.'라는 속담은 부정적인 의미로 쓰인다. 일이 잘못된 뒤에 손을 써 봤자 아무 소용이 없다는 것이다. 하지만 적어도 재난 대응에 있어서는 소를 잃었으면 반드시 외양간을 고쳐야 한다. 그래야 또 다른 소를 잃어버리는 일을 막을 수 있기 때문이다.

1426년(세종 8년) 2월 15일 한양도성에 큰 불이 났다. 경시서(京市署)를 비롯하여 행랑(行廊) 116칸이 불타고 민가 2170호가 전소되었을 정도로 유래 없는 대화재였다.[19] 불은 다음 날에까지 이어졌는데 전옥서(典獄署)와 민가 200여 호가 소실되었다. 궁궐의 경우 신하들까지 진화 작업에 참여한 끝에 불이 번지는 것을 막을 수 있었다고 한다.[20]

이처럼 화재가 일어나자 세종은 피해를 입은 백성들에게 식량을 공급하고 부상자를 치료해 주며 사망자에게는 장례비를 지원하도록 조처했다.[21] 다시 집을 지을 수 있도록 재목을 공급해 주었고[22] 군인으로 소집된 사람 중 그 집이 화재로 피해를 입은 사람들에게는 장기 휴가를 주었다.[23] 화재 방비책도 시행했다. 방화장(防火墻)을 쌓고 도로를 넓게 확장하여 불이 잘 번지지 못하도록 했다. 또한 개인 집은 5칸마다 우물을 하나씩 파게 했고 관청 안에는 우물을 두 개씩 파서 물을 저장하도록 했다. 종묘와 궁궐, 종루 등 주요 지점에는 불을 끄는 기계를 만들어 비치했고, 화재 발생 시 각 기관별 대응 매뉴얼도 정비했다.[24]

하지만 세종은 이것만으로는 충분하지 않다고 생각했다. 세종이 보기에 화재는 수재나 한재(旱災)와 같은 재난과는 달리 사람이 일으키는 것이다. 사람이 노력하면 얼마든지 피해를 예방하고, 또 줄일 수가 있다.[25] 그런데 이번에 대화재가 발생하니 각 관청들은 우왕좌왕하며 방재 역량을 제대로 펼치지 못했다. 따라서 흩어져 있는 방재 업무를 한데 모아 평소에는 예방 업무를 담당하고, 화재가 발생했을 때는 즉각 진압에 나설 수 있는 전담 관청을 만들어야겠다고 판단한다. '금화도감(禁火都監)'을 설치하도록 지시한 것은 그래서이다.[26]

세종은 병조 판서와 의금부 도제조를 금화도감의 우두머리로 삼고 판한성부사(判漢城府事)[27]가 도감의 실무를 총괄하게 하였으며 삼군부, 의금부, 공조, 군기시, 선공감 등의 관리들을 겸직시켜 금화도감을 상설 운영하도록 했다. 방화(防火)와 관련된 모든 부처를 집결시켜 단일한 지휘 계통에 배치함으로써 유사시 일사불란한 대응이 가능하도록 한 것이다. 세종은 금화도감이 업무를 잘 수행할 수 있도록 정책적 지원을 아끼지 않았고[28] 덕분에 그 후 일어난 크고 작은 화재들은 별다른 피해를 남기지 않았다. 한 번 소를 잃었지만 외양간을 견고하게 고친 덕분에 더 이상 소를 잃어버리지 않은 것이다.

그러나 이후 임금들은 소방 전담 기구의 중요성을 간과했다. 세조는 화재가 잘 일어나지 않자 금화도감을 군이 둘 필요가 있겠냐며 한성부로 통폐합해 버렸다.[29] 세종이 금화도감을 설치한 이유를 망각한 것이다. 금화도감이 없어지자 기다렸기라도 했듯 큰 화재들이 반복되었고 1481년(성종 12년)에 조정은 다시금 소방 기구인 금화사(禁火司)를 설치하기에 이른다.

이와 같은 세종의 재난 대응은 오늘날에도 본받아야 할 요소들을 고루 갖추고 있다. 철저한 예방과 준비, 상세한 대응 매뉴얼 작성 등이다. 매우 당연한 일인데도 당연하지 않은 것이 요즘의 모습이다. 오히려 미증유의 재난이라는 핑계로 정부의 우왕좌왕을 면피하려 든다. 설령 그렇더라도 1~2차 대유행 때 겪어 본 일을 3차 대유행을 맞고서도 세부 지침 하나 상세히 만들지 못했다면 변명의 여지가 없다.

세종이 각 부처에 산재한 업무를 통합하여 재난 전담 기관을 만들고 힘을 실어 준 것도 참고할 만하다. 전담 기관이 평시에는 재난 예방을 담당하고, 비상시에는 컨트롤 타워가 되어 일사불란하게 지휘하도록 한 것이다. 이것은 오늘날도 하고 있지 않느냐고 생각할 수도 있겠지만, 소방청과 질병관리청이 독립된 것이 불과 얼마 전이다. 더욱이 금화도감만 봐도 당시 세종의 재난 대응의 뛰어난 점을 볼 수 있다. 세종이 만든 전담 기관의 수장은 병조 판서와 의금부 도제조였다. 정1품 재상과 나라의 군권을 총괄하는 대신이 우두머리였던 것이다. 그렇기에 다른 기관의 간섭을 방지하고 명실상부한 지휘가 이루어질 수 있다. 소방청장, 질병관리청장이 층층시하에 놓여 있는 요즘과는 차원이 다르다. 이밖에도 세종이 주도한 국가의 총력 대응 체제, 면밀한 사후 조치 등은 그동안 여러 재난과 참사에서 우리가 아쉬워했던 부분이다. 이것은 또한 비단 천재지변 뿐 아니라 정부와 기업 등 각 분야의 위기관리에도 그대로 적용할 수 있다.

note 04
세조의 경진북정

"지금 경의 계본(啓本)¹을 보니 매우 기쁘다. 적절한 계책을 세워 기회를 놓치지 않고 적의 소굴을 불태워 없앰으로써 북방 백성의 해묵은 원한을 씻어 냈으니 어찌 훌륭하지 않은가! 다만 승리하였다고 교만하면 반드시 나태해질 것이니, 적들이 우리를 노리는 단초가 될 것이다. 며칠 쉬었다가 전광석화처럼 다시 정복하여 적들을 두려움에 떨게 만들라. 그래야 적어도 수십 년간은 세력을 떨치지 못할 것이다. 경이 잘해 내리라 믿는다."²

1460년에 세조(世祖, 재위 1455~1468)가 여진족 정벌 총사령관인 함길도[3] 도체찰사(都體察使)[4] 신숙주(申叔舟, 1417~1475)에게 내린 하교다. 신숙주가 토벌에 성공하자 이를 칭찬함과 동시에 화근을 뽑을 것을 당부하고 있다. 훗날 '경진북정(庚辰北征)'이라고 불리게 되는 이 사건은 조선이 북방 모련위(毛憐衛)[5] 지역의 여진족을 토벌한 것이다. 추장 중 한 사람인 낭발아한(浪孛兒罕) 부자의 모반이 발단이었다. 평소 여진족은 끊임없이 소요를 일으키며 물적, 인적 피해를 입히는 등 조선의 항시적인 리스크로 작용해 왔다. 그러나 이들이 조선과 명나라의 영토에 걸쳐서 거주하고 있는 데다 명나라의 관직을 받은 사람도 많았기 때문에 조선으로서는 함부로 단속할 수가 없었다. 자칫 명나라와 외교 분쟁을 야기할 수 있었기 때문이다.

따라서 조선 조정은 혹시 모를 소요에 대비하는 한편 이들을 회유하고 위무함으로써 리스크를 관리하고자 했다. 여진 각 부족 추장과 주요 실력자들에게 관직을 제수하였으며 한양으로 불러들여 임금이 친히 접견하고 선물을 하사했다. 요청하는 물자도 가능한 한 지원해 주었다. 일정 수준의 출혈을 감수하는 대신 국경의 안정을 확보하고자 한 것이다. 하지만 상황은 조선의 뜻대로만 돌아가지 않았다. 북쪽 척박한 땅에 살고 있던 여진족은 각종 물자를 필요로 하지만 이를 직접 생산할 능력이 없었다. 가지고 있는 재화가 별로 없으니 무역하기에도 적합하지 않았다. 그래서 이들은 노략질을 선택한다. 조선에 충성을 맹세하면서도 빈번하게 배반했던 이유다. 더구나 여진족은 수많은 부족으로 사분오열되어 있었기 때문에 전 부족을 관리하는 것이 불가능했다. 복종하는 부족이 있으면 반항하는 부족이 있었고, 그들 서로의 다툼이 조선에 불똥을 튀기기도 했다.

세조가 즉위한 15세기 중반에는 이와 같은 움직임이 더욱 심화되었다. 세종의 야인 정벌로 숨죽이고 있던 여진족이 시간이 흐르면서 다시금 조선의 물자를 노리기 시작한 것이다. 1453년의 계유정난(癸酉靖難)[6]과 1456년에 사육신(死六臣)의 단종 복위 시도 등 조선 조정에 혼란이 거듭되면서 국경 경계 태세가 해이해지고 자신들에게 신경 쓸 겨를이 없을 것이라는 오판도 한몫을 했다.

여기에 대해 세조는 "그들이 침범하지 않을 거라 믿지 말고 내가 철저히 대비하고 있음을 믿어야 한다."[7]라며 철저한 리스크 관리를 강조하면서도 우선은 평화 노선을 따른다. 여진족이 크고 작은 문제를 일으켰지만 이내 용서해 주었고 임금을 알현하고 싶다는 요청도 모두 수용해 주었다.[8] 여진족을 함부로 대하는 관리들을 징계하기도 했다. 저들의 행실이 괘씸하기는 하지만 평화를 유지하는 것이 조선에 더 큰 이득이 된다고 판단했기 때문이다. 그런데 문제가 터진다. 모련위 지역의 추장 낭발아한이 왕명을 거역하고 모반을 꾀한 것이다.

꾸준히 토산물을 바치며 조선의 신하를 자임해 왔던 낭발아한은 1458년(세조 4년)에 이르자 평소보다 많은 사람을 이끌고 와서 입조(入朝)[9]를 허락해 달라고 요구했다. 함길도 도절제사인 양정이 관례를 이유로 거부하자 낭발아한은 화를 내며 무례한 태도를 보이다 돌아갔다.[10] 낭발아한의 관직이 양정의 아래였으므로 엄연한 하극상이었다. 세조는 낭발아한을 꾸짖으면서도 이내 선물을 주며 달랬는데 그는 오히려 조선 조정을 원망하였고 조카인 월랑가(月朗哥)는 조선에서 파견한 통역관에게 활시위를 당겨 죽이려 들기까지 했다.[11] 나아가 낭발아한은 조선이 여진족을 공격하려고 한다며 힘을 합쳐 대항하자고 다른 부족들을 선동하기 시작했다. 한양에서 벼슬살이를 하던 낭발아한의 아들 낭이승거(浪伊升巨)가 거짓말로 병가를 내고 아비에게 도망가는 일까지 벌어졌다. 더 이상 좌시할 수 없는 상황에 이른 것이다.

격노한 세조는 낭발아한과 낭이승가를 붙잡아 오라고 명령했다. 다른 여진 부족에서 오해할 수 있으니 각 추장들에게 이들의 죄를 분명히 설명하고 낭발아한만 문책할 것임을 밝히도록 했다.[12] 하여 낭발아한과 아들, 손자들이 체포되어 회령의 감옥에 갇혔는데[13] 아들 아비거(阿比車)를 비롯한 일부 자손이 탈출한다. 이후 9월 24일, 낭발아한은 효수되었다.

그러자 아비거가 아버지의 원수를 갚겠다며 병력을 동원하여 조선 땅을 침공했다. 이때 모령위 지역의 여진 부족이 대거 동참했는데[14] 조선의 물자를 약탈하기 위해서였다. 그동안 자신들의 잦은 도발에도 유화적으로 대응했던 조선 조정의 태도로 볼 때, 이번에도 별문제가 없으리라 생각했을 것이다. 하지만 이들의 기대와는 달리 세조는 좌의정 신숙주(申叔舟)를 사령관으로 하는 대규모 부대를 조직하여 정벌을 준비했다. 세조는 "저 야인들이 나라를 배반하고 도적질을 일삼으니 마땅히 군사를 일으켜 죄를 묻고 흉악한 무리들을 남김없이 섬멸하는 것이 옳은 일이나, 내가 그동안 저들을 무휼(撫恤)해[15] 온 것은 전쟁의 싹을 심을 수 없기 때문이었다. 하지만 저들은 더욱 교만하여 우리가 준 은혜를 생각하지 않고 침입하여 위협하니 마땅히 위엄을 보여 제압해야 할 것이다."[16]라고 천명한다. 온건에서 강경으로, 수동적 방어에서 능동적 공세 방어(defensive offense)로 여진족에 대한 리스크 관리 방식을 전환해야 할 때라고 판단한 것이다. 강력한 무력시위를 통해 조선이 마음만 먹으면 언제든지 응징에 나설 수 있다는 것을 확인시킴으로써 리스크 해소 혹은 완화에 나섰다고 볼 수 있다.[17] 이에 세조와 신숙주는 여러 가지 방해 요인에도 불구하고 훌륭히 정벌전을 완수하였는데, 이것이 이번 장에서 다룰 내용이다.

현장 지휘관에게 전권을 부여하다

무릇 전쟁을 직접 수행하는 책임자는 현장 지휘관이다. 후방의 통수권자나 지휘 통제실이 아니라 적과 마주하고 있는 현장 지휘관의 손에서 전쟁의 승패가 좌우되곤 한다. 그러므로 현장 지휘관이 전장 상황에 맞춰 능동적으로 대응할 수 있도록 재량권을 부여해야 한다. 그러지 않고 본부에서 모든 것을 컨트롤하려고 들면 현장 지휘관은 사소한 일조차 책임지고 결단하지 못한다. 일일이 보고하고 지시를 기다리느라 타이밍을 놓치게 될 것이다.

아무리 뛰어난 전략가가 있고 군사 경험이 풍부한 원로가 있더라도 그가 현장에 있지 않은 이상 최상의 조언을 해 주기란 불가능하다. 거시적인 전략을 제시하고 일반적인 노하우나 전술을 조언해 줄지언정 해당 전장의 구체적인 디테일까지 모두 다뤄 줄 수는 없는 것이다. 게다가 이제껏 누구도 가 본 적 없는 적지를 공격하는 것이라면, 본부 사람들의 시야에는 한계가 있다. 지형과 장애물이 어떻게 전개되어 있는지, 적군의 동향은 어떠한지, 이는 오로지 현장 지휘관만이 파악할 수 있는 것이다. 현장 지휘관은 올바른 전술 판단을 내릴 수 있는 최적의 위치에 있다.

그래서 예로부터 훌륭한 리더는 방향을 제시할 뿐 그 길로 가는 구체적인 방법은 현장에 일임했다. 현장의 결정에 간섭하지 않았고 다른 이들의 견제와 개입을 차단했다. 본부와 현장의 판단이 다를 경우 현장의 의견을 우선했으며, 그 과정에서 논란이 벌어지더라도 현장을 믿고 지지해 주었다. 그야말로 마음껏 일할 수 있는 여건을 보장한 것이다.

경진북정의 과정에서 세조가 보여 준 모습도 그랬다. 세조는 도체찰사인 신숙주가 인력과 물자를 자유롭게 동원할 수 있도록 해당 지역의 모든 수령들이 신숙주의 명령에 따르도록 했다. 신숙주가 재량껏 "현지 관리에 대해 징계하고 처벌할 수 있도록" 조치했다.[18] 출정하는 신숙주에게 "경은 스스로 품고 있는 생각대로 판단하고 결정하라."라고 당부하기도 했다.[19] 현장 지휘관 중심의 일사불란한 명령 체계를 확립하고 확실한 위임을 통해 지휘관의 권위를 세워 준 것이다. 세조는 함길도의 군 지휘관인 양정과 홍윤성(洪允成)에게 보낸 편지에서도 "내가 보낸 유서(諭書)[20]를 무조건 따를 필요는 없다. 이번 일은 경들의 헤아림에 달렸으니 나의 뜻은 취사선택하길 바란다. 나는 경들을 믿는다."라며 재량권을 인정해 주었다.[21] 세조는 대신들이 상황이 달라졌다며 정벌을 중단하자고 주청했을 때에도 "내가 신숙주에게 이 일을 맡겼으니 다른 이들이 아뢰는 것은 따르지 않겠다."라고 말한다.[22] 전쟁을 계속하든 중단하든 전적으로 현장의 판단에 맡기겠다는 것이었다.

그런데 이처럼 현장을 전적으로 신뢰하고 지원하기란 막상 쉽지가 않다. 리더는 모든 것을 자신의 통제 아래에 두고 싶어 하기 마련이며, 또한 군대를 거느린 현장 지휘관을 잘 믿지 못한다. 요동 정벌군 사령관이었던 이성계가 말머리를 돌려 위화도 회군을 했듯이, 그와 같은 무력을 가지고 반기를 들까 봐 두려운 것이다. 세조가 자신의 최측근에게 임무를 맡긴 것은 그래서일 것이다. 물론 능력도 없는데 측근이라는 이유만으로 중임을 부여하는 것은 옳지 않다. 그보다 뛰어난 적임자가 있는데도 측근이라 하여 밀어주는 것도 적절하지 않다. 하지만 충분한 자격과 능력을 갖췄다면 리더의 측근은 누구보다도 시너지를 발휘하게 된다. 세조는 자신을 옹립한 정난공신(靖難功臣)인 신숙주, 한명회(韓明澮),[23] 양정, 홍윤성[24] 등에게 현장 지휘를 맡김으로써 본부와 현장 간의 신뢰를 확보했다. 정권의 핵심 인물들을 앞장서서 험지에 보내면서 다른 이들에게 모범을 보이는 효과도 가져올 수 있었다.

적을 고립시키다

아울러 적과 싸워 승리하려면 아군의 힘은 최대한 강화하고 적의 힘은 가능한 약화시켜야 한다. 세조는 낭발아한 일족과 다른 여진족을 분리시켰다. 벼슬을 내리고 하사품을 늘려 주었으며, 이번 정벌의 표적이 낭발아한 일족에게만 맞춰져 있음을 분명히 밝힘으로써 다른 여진 부족을 안심시켰다. 아비거의 동태를 보고하고 정벌에 동참한 여진 추장에게는 큰 상을 내려 여진족들이 앞다투어 조선에 협조하도록 했다.[25] 올량합(兀良哈), 알타리(斡朶里) 부족 중 일부가 아비거에게 협력하여 함께 조선 땅을 침범해 왔지만 용서하였고,[26] 모련위와 사이가 좋지 않던 올적합(兀狄哈)이 모련위를 공격하는 것을 허가하였다.[27] 당근만 제시한 것이 아니다. 군사적 위협도 병행하여 철저히 적을 외톨이로 만들었다.

그런데 이 과정에서 문제가 생겼다. 명나라가 개입한 것이다. 명나라의 입장에서 볼 때 자신들의 국경이 소란스러워지는 것은 탐탁지 않은 일이다. 혼란을 틈타 여진족이 어떤 사달을 일으킬지 모른다. 명과 조선의 국경선도 오늘날처럼 명확하지 않았기 때문에 영토 분쟁의 소지가 있었다. 더욱이 형식적인 지위일지언정 여진 추장들의 상당수가 조선 왕이 내린 관직뿐만 아니라 명나라 황제가 제수한 관직도 가지고 있었다. 이러한 상황에서 조선 왕이 아무런 상의도 없이 명의 관리인 여진 추장을 처단하고 군사를 일으켰으니 명나라에 대한 도전으로 받아들인 것이다.

이에 명나라 황제는 "낭발아한 등 16인이 조선 왕의 꾐에 빠져 조선에 갔다가 살육을 당하였다고 하던데 대체 왜 이들을 살해했는가?"라며 해명을 요구했다.[28] 칙서를 가지고 조선을 찾아 온 사신도 "낭발아한은 중국 벼슬을 받은 사람인데 왜 마음대로 죽였는가?"라며 조선의 조치를 비판했다.[29] 여기에 대해 세조는 낭발아한이 저지른 잘못을 상세히 설명하고 명나라의 역대 황제들이 칙서를 통해 "야인이 조선의 변경을 침범하면 모두 죽여 처치(處置)하라."라고 지시한 바 있다며[30] 조선의 이번 행동은 선황제들의 명령을 이행한 것이라고 반박한다.[31] 선황제의 방침을 그대로 따라야 하는 것은 황제의 의무로서 현재의 명나라 조정으로서도 할 말이 없게 된 것이다. 다만 조선은 명나라 현 황제의 자존심이 상하지 않도록 "가볍게 군마를 움직이지 않고 화친을 도모하라는 칙서를 성실히 받들겠다."라고 대답했다. 그러면서 조선이 정벌하고자 하는 여진족들이 사실을 날조하여 중국 조정을 속였고 변방의 백성들에게 계속 피해를 주고 있다며, 이를 방치할 경우 장차 조선에서 명나라로 가는 길이 막힐까 두렵다고도 진언했다. 사안을 중국의 국가 이익과 결부시킨 것이다.

이 때 전장(戰場)에서도 흥미로운 일이 있었다. 명나라 황제는 조선과 여진을 화해시키겠다며 함길도 국경으로 직접 사신을 파견했는데, 이들을 맞이한 신숙주는 "예를 다해 대접하되, 야인들의 불온한 움직임을 확실히 보여 줌으로써 거병의 명분을 확보하고, 전략적으로 긴박한 상황을 조성하면 명나라가 우리를 의심하지 않을 것"이라고 말한다. 그러면서 '성식(聲息)[32]의 조작(造

作)'을 언급했는데, 루머를 사용해서라도 명이 조선의 편을 들도록 하겠다는 것이었다.[33] 결국 명나라에서는 조선의 해명을 수용하고 여진이 또다시 도발하지 않도록 조처할 테니 조선 또한 "마땅히 군사를 거두고 다시는 흔단(釁端, 분쟁)을 일으키지 말라."라는 내용의 칙서를 보내오게 된다.[34]

누군가와 대립하고 있는데 상위의 존재가 개입하는 경우가 있다. 이 존재는 양쪽 모두와 이해관계가 있어서 쉽사리 편을 들어 주지 않는다. 오히려 이런저런 간섭을 하며 방해하곤 한다. 그렇다고 답답해하고 있을 수만은 없다. 막강한 힘과 권위를 가지고 있는 만큼 내 편으로 만들어야 유리하다. 최소한 상대방을 지원하는 일은 막아야 한다. 조선은 적극적인 외교전을 통해 명나라를 설득함으로써 낭발아한 일족을 철저히 고립시킬 수 있었다.

성공의 지속을 위해 노력하다

그리하여 조선은 마침내 여진 정벌을 감행했다. 반란을 일으킨 추장 90여 인의 목을 베었고 적군 430명을 참했으며 1000여 마리의 소와 말을 노획하는 성과를 거두었다.[35] 조선 역사에서 단일 정벌 전쟁으로는 최대의 전과였다.

그런데 정벌이 끝나자 세조와 조선 조정은 오히려 더 분주해졌다. 신숙주는 항구적이고 원활한 여진 방어 체계를 확립하기 위해 함길도의 군사 시스템을 정비했으며[36] 평안도, 황해도 도체찰사 한명회는 여진족의 양대 세력인 모련위와 건주위가 힘을 합치지 못하도록 견제하는 작업에 돌입했다.[37] 세조는 아예 여진족에 대한 회유와 위무를 제도화하고자 했는데, 부득이하여 군사 행동에 나서기는 했지만 여진족은 상당수가 명나라 땅에 거주하고 있으므로 전멸시키는 것이 불가능하다. 따라서 완전히 해소할 수 없는 리스크인 이상 차라리 상시적으로 관리함으로써 그로 인한 위험을 최소화하겠다는 것이었다. 세조는 국경 지역 책임자들에게 "(여진족을) 잘 대접하라. 저들의 의심을 풀게 하라."라고 지시했으며[38] "금후에 야인이 서울에 올라오고자 하거든 곧장 서울로 보내도 좋다."라고도 했다.[39] 물론 "오랑캐는 언제든 침략의 마음을 낼 수 있다. 이것은 필연의 형세이다. 그럴 기미가 보이거든 정병 수천으로 공격하여 때로는 동서를 치고 혹은 남북을 쳐서, 저들이 조선의 행동을 예측할 수 없게 만들고 두려워하게 만들라."라고 유시하며 군사적 대비도 게을리하지 않는다.[40]

무릇 패배한 후에 다시 승리에 도전하는 것보다 승리한 후에 그것을 유지하는 것이 더욱 힘든 법이다. 실패를 맛본 사람이나 조직은 문제를 인정하고 단점을 보완하고자 필사적으로 노력한다. 고난과 시련을 감내하고 강력한 혁신에 나선다. 하지만 승리를 거둔 사람은 자만하고 안주하기 쉽다. 성공을 지속하기 위해서는 더 많은 힘을 쏟아야 하지만 이를 쓸데없는 비용으로 여긴다. 기존의 방식을 승리의 공식이라며 묵수하고, 새로운 것을 받아들여 약점을 개선하려는 노력도 중단하곤 한다. 승리에 취하는 순간 이미 도태되기 시작한다는 것을 깨닫지 못한다. 정벌이 종료된 후에 더욱 긴장하고 후속 조치에 만전을 기울였던 세조의 노력은 그래서 좋은 평가를 받을 만하다.

이상으로 세조 때 단행된 경진북정에 대해 살펴보았다. 이 사건에는 리스크 관리, 현장 권한 위임, 적을 고립시키는 공격 전략, 승리의 지속을 위한 노력 등 오늘날에도 유념해야 할 요소들이 고루 들어 있다. 우선 동일한 리스크라도 관리 방식이 늘 같아서는 안 된다는 것이다. 리스크는 상황과 여건에 따라 언제든지 심화될 수 있고 확대될 수 있다. 따라서 리스크가 미치는 영향을 면밀하게 예측하고 분석하여 때에 맞게 대처해야 한다. 현장 책임자를 믿고 권한을 위임하는 일도 중요하다. 아무리 현장 경험이 풍부한 리더라 할지라도 지금 이 순간 현장에 있지 않는 이상, 현장을 온전히 파악하기란 불가능하다. 현장을 잘 알고 현장 상황에 맞게 능동적인 대응을 할 수 있는 사람은 현장 지휘관뿐이다. 그러므로 리더는 현장에 간섭하지 말고 적절한 권한을 위임함으로써 현장 지휘관이 마음껏 능력을 펼칠 수 있도록 지원해야 한다.

아울러 이 과정에서 조직의 역량을 하나의 목표에 집중할 필요가 있다. 일을 벌이는 김에 문제가 되는 사안들을 함께 다 해결할 수 있다면 당연히 좋겠지만 자칫 힘이 분산되어 실패로 이어질 수 있다. 만약 세조가 낭발아한 일족이 아니라 모련위 여진 부족 전체를 정벌하고자 했다면 성공할 수 있었겠는가? 명나라도 좌시하지 않았을 것이고 분열되었던 여진족이 힘을 합치면서 매우 어려운 승부가 되었을 것이다. 이렇게 리스크 완화 혹은 해소라는 목표를 달성했다면 이제는 그 성과를 지속하는 일이 과제로 남는다. 승리는 유지되고 결과가 계속될 때 의미가 있다는 것이 바로 경진북정이 주는 교훈이다.

note 05
임숙영의 대책 [1]

"전하께서는 책문에서 스스로의 실책과 국가의 허물에 대해
서는 거론하지 않으셨습니다. 하지만 비록 전하께서 말씀하
지 않은 사안이라 해도 그것이 참으로 이 시대의 절박한 문제
에 관련된 이상, 무엇을 조심해야 하는지 모르는 어리석은 저
는 곧바로 남김없이 지적하여 아뢰고자 합니다."

어느 기업의 최고 경영자(CEO)가 신입 사원 채용 면접에서
이렇게 물었다. "지금 우리 회사는 위기에 처해 있습니다. 특히 이
러저러한 당면 과제를 해결해야 합니다. 각자 이 문제를 풀 수 있
는 좋은 아이디어를 내 보십시오." 그러자 어느 신입 사원이 대답

한다. "지금 중요한 것은 아이디어가 아닙니다. CEO께서 경영을 제대로 하지 못하시니 기업이 이 모양인 것입니다. 먼저 본인의 잘못부터 반성하고 CEO로서 책임을 다할 수 있도록 노력하십시오." 이렇게 이야기한 신입 사원은 어떻게 될까? 그 이전에 CEO 앞에서 이런 말을 할 수 있는 신입 사원이 과연 존재할까?

1611년(광해군 3년)에 시행된 과거 최종 시험 '전시(殿試)'에서 이와 비슷한 일이 있었다. 당시 광해군(光海君, 재위 1608~1623)은 "나라를 잘 다스리고 안정시키려면 시급히 당면한 과제를 해결해야 한다."라면서 좋은 인재를 등용하고 국론 분열을 해소할 수 있는 방안, 공납 제도를 개선하여 백성의 부담을 경감시킬 방안, 토지 제도를 정비할 방안, 호적과 지도의 정리 방안 등 4가지 현안에 대한 대책을 질문했다.

그런데 임숙영(任叔英, 1576~1623)이라는 선비는 출제된 문제와는 다른 답안을 제출한다. 그는 광해군이 언급한 일들이 시급하기는 하지만 원칙에 따라 처리하면 될 일이라며 이렇게 말했다.

"지금 전하께서는 나라의 진짜 큰 우환과 조정의 병폐에 대해서는 질문하지 않으셨으니 신은 전하의 뜻을 알지 못하겠습니다. 정작 중요한 문제는 애오라지 덮어 두기만 하고 의논하지 않으신단 말입니까?" [2]

사실 시험 문제와 상관없는 답을 쓰면 안 된다. 탈락 처리가 되어도 할 말이 없다. 그런데도 임숙영은 왜 다른 주제로 답안지를 채웠을까? 과거 시험에서의 낙방, 아니 답안으로 인한 왕의 분노를 감수하고서라도 그가 꼭 지적하고 싶었던 '나라의 진짜 큰 우환과 조정의 병폐'는 무엇이었을까? 임숙영은 임금이 근심하고 당장 해결해야 할 일로 첫째, 중궁(中宮)의 기강과 법도가 엄하지 않은 것, 둘째, 언로(言路)가 열리지 않은 것, 셋째, 공정한 도리가 행해지지 않는 것, 넷째, 국력이 쇠퇴한 것까지 네 가지를 제시했다. 그리고 이 네 가지 문제들은 모두 임금이 제 역할을 못하고 있기 때문이라며 직격탄을 날렸다.

리더십이 건강해야 한다

우선 '중궁의 기강과 법도가 엄하지 않은 것'에 대해 살펴보자. '중궁'은 왕비인 중전을 뜻하는 단어지만, 여기서는 중전뿐 아니라 왕의 후궁들 즉 내명부(內命婦) 전체를 가리킨다. 이즈음 후궁들이 왕의 총애를 믿고 사사로운 청탁을 하는 등 국정에 자주 개입하였는데[3] 내명부의 기강을 세워 이를 엄단해야 한다는 것이다. 이는 요즘에도 반복되어 나타나는 문제다. 회장의 부인은 회장이 아니고 대표의 아들은 대표가 아니다. 그러나 자신이 회장이고 대표인 것 마냥 행동하는 경우가 있다. 인사에 개입하고 공금을 유용하며 직원을 마음대로 부려 먹는 것 같은 일이다. CEO와 가장 가까운 위치에 있다 보니 청탁이 몰리는 통로가 되기도 한다. 조직의 공식적인 지위에 있지 않는 사람이 공적 조직에 영향력을 행사하고 공적인 일에 개입하게 되면 설령 그것이 선한 내용이라 할지라도 조직의 원칙과 절차를 무너뜨린다. 어떠한 경우에도 '사적(私的)인' 것은 조직의 발전에 도움을 주지 못하는 법이다. 따라서 리더가 직접 나서서 그 싹을 원천적으로 차단해야 한다는 것이다.

다음으로 언로는 임금이 올바로 판단하기 위해 꼭 필요한 요소다. 임금은 하루에도 수없이 많은 판단과 결정을 내려야 한다. 그리고 그 판단과 결정은 나라와 백성에게 즉각적인 영향을 미친다. 따라서 상황을 오판하지 않고 잘못 결정하지 않도록 조심하고 또 조심해야 하는 것이 왕이다. 하지만 지혜가 부족하거나 감정에 휩쓸려 나쁜 선택을 할 수 있다. 사려 깊고 똑똑해도 그의 생각이 언제나 옳을 수는 없으며, 옳더라도 그보다 더 나은 대안이 있을 수 있다. 요컨대 자신의 부족함을 보완하고 더 나은 선택지를 고르기 위해 임금은 다른 사람들의 말에 귀 기울여야 한다. 이 때 사람들의 말이 임금에게 막힘없이 전달되는 통로, 그것이 '언로'다.

그렇지만 당시 조정은 언로가 막혀있다는 것이 임숙영의 진단이다. 임숙영은 광해군에게 바른 말을 한 간관[4]이 처벌받은 것을 거론하며 이 때문에 직언하는 것이 금기가 되고 아부하는 것이 유행이 되었다고 비판했다. 그는 이렇게 덧붙인다.

"임금이 마음을 비우고 경청하며 뜻을 굽혀 따른다고 해도 유순하고 마음이 약한 선비들은 지레 할 말을 다하지 못합니다.

하물며 바른 말을 하면 노여워하고 받아들이지 않을 뿐 아니라 그 사람에게 죄를 주니 강직한 신하가 아니고서야 누가 나서서 전하의 잘못을 바로잡을 수 있겠습니까? 전하께 바른 길을 가시라 권할 수 있겠습니까? …… 부디 전하께서는 질문하기를 좋아하고 어떤 말이든 기꺼이 경청했던 순임금을 배우십시오. 좋은 말을 들으면 그 말을 해 준 사람에게 감사하며 절을 했던 우임금처럼 전하의 잘못을 간하는 사람들을 존중하셔야 합니다."

리더가 아무리 인품이 훌륭하고 부하들의 의견에 귀 기울여 주는 사람이라고 해도 그 앞에서 자신의 생각을 솔직히 말하기란 쉽지가 않다. '이런 말 했다가 혹시라도 찍히면 어떡하지?', '주제넘다고 언짢아하지 않으실까?' 하기 마련인데, 하물며 리더의 생각과는 반대되는 말과 리더의 결정을 비판하는 말을 꺼낸다는 것은 보통 사람이라면 엄두가 나지 않을 것이다. 게다가 그 리더가 포용력이 부족하고 자신의 뜻에 거슬리는 말을 하는 사람을 가만두지 않는 성격이라면? 임숙영의 지적처럼 직언을 하는 사람은 보기 힘들고 어떻게든 리더의 뜻에 부합하고 아부하려는 '예스맨'들만 넘치게 될 것이다. 조직 내부의 자정 능력, 합리적 의사 결정 능력이 사라져 버릴 테니 이런 조직이 잘 될 턱이 없다.

다음으로 세 번째 공정한 도리는 인사(人事) 문제에 관한 것이다. 임숙영은 "관직은 크든 작든 반드시 재능에 따라 천거되어야 하며 벼슬은 높든 낮든 반드시 능력에 따라 선발해야 합니다. 이렇게 하는 것이 '공(公)'이고 이렇게 하지 않는 것이 '사(私)'입니다."라고 말한다. 그런데 광해군의 시대는 듣기 좋은 말을 하는 사람이 높은 자리에 오르고 재산이 많은 사람이 출세를 하고 있다는 것이다. 권력자들의 일가붙이나 권세가에게 빌붙은 사람들이 벼슬을 독점하는 등 인재의 선발과 등용, 인사 발령과 고과 평가 등이 모두 원칙을 잃었다고 단언하였다. 나라의 발전과 백성의 안녕을 위해 무엇보다도 공정하게 운영되어야 할 관직이 사사로움에 물들어 버렸으니, 이는 모두 왕의 잘못이라는 게 임숙영의 주장이다.

어떤 조직이든 그 조직이 잘 운영되기 위해서는 각 직책들이 최적의 적임자를 만나야 한다. 그 임무를 가장 잘해 낼 수 있는 사람이 그 자리에 있어야 최대의 성과를 낼 수가 있다. 아울러 그 사람을 발굴하고 등용하는 과정은 반드시 투명하고 공정한 절차를 거쳐야 한다. 그래야 임명된 사람이 정당한 권위와 힘을 발휘할 수가 있으며, 조직 내부에도 정정당당하게 능력으로 경쟁하는 분위기가 정착할 수 있다.

마지막 네 번째로 국력의 쇠퇴를 지적한 것은 위기의식을 가지라는 의미이다. 나라가 오래도록 번영하려면 어떠한 위기에도 흔들리지 않도록 견고한 뿌리를 내려야 한다. 그러려면 나라의 먼 장래에 대해 생각하고 장기 계획을 세워 대비해야 하는데 지금 사람들은 작은 성과에 집착하고 한때의 이익에 연연하고 있다는 것이 임숙영의 판단이다. 그는 이렇게 말한다.

"전하께서는 나라가 편안하더라도 근심스러운 듯 대하고 나라가 형통하더라도 운수가 막힌 듯이 대하십시오. 나라의 살림살이가 풍족하더라도 곤궁한 듯 대하시고 성대하더라도 금방 쇠퇴할 듯이 대하십시오. 그리하여 근심해야 할 것은 근심하고 힘써야 할 것은 힘쓰셔야 합니다."

일찍이 공자는 '임사이구(臨事而懼)', 즉 일에 임할 때는 두려운 마음을 가지라고 하였다. 혹시나 부족한 점은 없는지, 잘못 판단한 부분은 없는지, 예상되는 리스크에 철저히 대비하였는지 면밀하게 살피라는 것이다. 이는 현재의 상황이 좋을수록 더 필요한 자세다. 어려울 때는 누구나 긴장하고 위기를 극복하고자 노력하기 마련이다. 그러나 잘나갈 때는 자만하고 현실에 만족한다. 이럴 때 미리 준비해 놓으면 더 적은 비용으로 효과적인 위기 대응 체계를 갖춰 놓을 수 있지만 '당장 뭐 그럴 필요가 있겠어?' 하다가 때를 놓치는 경우가 많다. 임숙영은 지금의 왕과 신하들은 마치 태평성대를 만난 듯 나태하고 겉으로 꾸미는 일에만 집중하고 있다며 "난리가 일어나기 전 위태로운 시국"이라는 마음가짐으로 국정을 일신하지 않으면 정말로 곧 난리가 일어날 것이라고 경고하였다.

이상 임숙영이 말한 '나라의 진짜 큰 우환과 조정의 병폐' 네 가지는 결국 최고 위치의 리더로서 왕의 책임을 환기한 것이다. 광해군이 언급한 정책들의 폐단을 해결하는 것은 물론 중요하다. 그러나 임숙영이 보기에 왕이 스스로 모범을 보이며 기강을 확립하고 조정을 공정하게 운영했다면 그런 문제들은 불거지지 않았을 것이었다. 신하들의 의견에 귀 기울이고 직언을 장려하며 조심하고 두려워하는 자세로 업무를 처리해 왔다면 그런 문제점은 이미 정책 입안 단계에서 인지되고 해결되었을 것이다.

요컨대 어떤 조직이 위기를 겪고 있다면, 어떤 일이 잘 해결되지 않아서 구성원들을 힘들게 만들고 있다면 그 사안 자체를 해소하는 노력과 함께 조직의 리더십이 과연 건강하게 행사되고 있는지를 돌아보아야 한다. 혹시 리더가 오만하여 자기 생각만 고집하고 있지는 않은지, 직언에는 귀를 닫고 듣기 좋은 말을 하는 사람들만 곁에 두고 있지는 않은지를 반성해야 한다. 또한 자격이 없는 사람들이 조직 경영에 사사로이 개입하고 있지는 않은지, 능력이 아니라 정실 인사가 이루어지고 있지는 않은지, 현실에 안주하여 문제점을 외면하고 있지는 않은지 냉정하게 진단해야 한다. 이는 무엇보다 리더의 책임으로, 리더가 이 역할을 다하지 못하는 조직에서는 그 어떤 일도 이루어지지 않는다.

다음은 덧붙이는 이야기다. 이렇게 서슬 퍼런 '대책'을 올린 임숙영은 어떻게 되었을까? 시험 총책임자였던 우의정 심희수는 임숙영을 탈락시키지 않고 합격자 명단에 포함했다. 그는 임숙영을 장원으로 뽑지 못해 매우 아쉬워했다고 한다. 하지만 광해군이 진노했다.

"그가 만약 하고 싶은 말이 있어서 상소를 통해 극구 말하였다면 그래도 괜찮았을 것이다. 한데 과거장에서 감히 시제를 벗어난 글을 지어 온갖 말로 임금을 비방하였다. 만약 이 글을 합격시킨다면 말세의 경박한 무리들이 앞다투어 임금을 욕하는 글을 미리 지어서 시관의 눈을 현혹하는 수단으로 삼을 것이니, 그 폐단을 바로잡기 어려울 것이다."[5]

광해군은 삭과(削科), 즉 임숙영의 급제를 취소했다. 과거 시험의 규칙을 지키지 않았다는 이유였지만, 사실은 임숙영의 비판이 마음에 들지 않았던 것이다. 이후 세 달에 걸쳐 사간원과 사헌부, 홍문관을 비롯하여 재상들까지 삭과 조치를 취소해 달라는 상소를 올리자 겨우 물러섰다. 재위 후반기로 갈수록 혼탁해졌던 국정의 밑바탕에 이러한 광해군의 좁은 도량이 있다고 하면 지나친 판단일까?

note 06
위훈 삭제

"정국공신 중에는 폐주(廢主, 연산군)가 총애했던 신하들이 많으니 그 죄를 논한다면 용서받지 못할 것입니다. 물론 폐주의 총신이라도 반정에 공을 세웠다면 기록해야 하겠으나 이들은 별다른 공도 없습니다. 대저 공신을 지나치게 대우해 주면 권력을 탐내고 이익을 탐냅니다. 임금을 죽이고 나라를 빼앗는 일이 모두 여기서 말미암습니다. 임금이 나라를 잘 다스리려면 이익의 근원을 막아 버려야 합니다."[1]

위훈 삭제(僞勳削除), 즉 거짓 공훈(功勳)을 삭제한다는 이 말은 자격도 없이 공신(功臣)에 봉해진 사람들의 작위를 박탈한다는 뜻이다. 공신은 부와 권력을 가졌을 뿐 아니라 정치, 사회 전반에도 막강한 영향력을 행사했다는 점에서, 위훈 삭제는 이들과 정면으로 충돌해야 하는 부담을 안고 있었다. 그럼에도 위훈 삭제가 추진된 것은 잘못된 것을 바로잡겠다는 개혁 의지 때문이었다.

조선에서 위훈 삭제가 논의된 대표적인 사례로는 중종(中宗, 재위 1506~1544) 때의 '정국공신(靖國功臣)' 위훈 삭제와 선조(宣祖, 재위 1567~1608) 때의 '위사공신(衛社功臣)' 위훈 삭제가 있다. 정국공신은 연산군을 폐위하고 중종을 옹립하는데 공을 세운 신하들로, 그 수가 지나치게 많아 국가 재정에 큰 부담을 주고 있었다.[2] 공신에게는 막대한 토지와 노비가 주어지기 때문이다. 더욱이 정국공신은 세력가들의 나눠 먹기로 선정되었고, 아무런 공로가 없는 사람들도 대거 포함되었다. 서두의 발언은 조광조(趙光祖, 1482~1519)가 바로 이 문제를 지적한 것이다.

정국공신이 책봉될 당시, 중종반정(中宗反正)을 주도한 박원종, 유순정, 성희안 세 사람은[3] 뒤로 물러나 있었다. 재물, 권력 등 막대한 혜택과 직결된 일이었기 때문에 체면상 앞장설 수 없었던 것이다. 그리하여 유자광이 대신 공신 선정을 담당하였는데, 그는 자신의 이익을 위해 무오사화(戊午士禍)를 촉발하는 등 탐욕스럽기로 유명한 인물이다. 유자광은 본인의 일가붙이들을 대거 공신에 포함시켰고, 공신 명단에 넣어 달라는 청탁도 무분별하게 받아들였다.

이에 조광조를 비롯한 사림은 정국공신을 개정하여 거짓 훈공을 받은 사람들의 작위를 삭제하자고 주장했다. 국가 재정에 부담이 되는 것도 문제지만, 분명한 기준 없이 공신의 자리를 남발함으로써 이익을 탐하는 분위기가 조성되었고, 거짓을 방치함으로써 정치가 어지러워졌다는 것이다. 중종이 "한 번 정하고 난 뒤에 이를 바꾸는 것은 매우 옳지 못하다. 이익의 근원을 막아야 한다는 뜻은 좋으나, 이는 차차 막아 가야 하는 것이다. 어찌 공신을 개정하는 것으로 이를 막을 수 있겠는가?"[4]라며 탐탁지 않아 했지만, 조광조는 계속 중종을 압박했다. 이때 대간에서 올린 상소에 따르면, "4등 공신[5] 중에는 공신의 자제여서 혹은 혼인 관계가 있음으로 해서 공신이 된 자가 30여 인, 유자광에게 뇌물을 바쳐서 공신의 자리를 얻은 자가 5~6인, 환관으로서 공신이 된 자가 7~8인, 재상의 위세를 빌려 공신이 된 자가 10여 인"으로, 조정에서는 2등 공신 중 8인, 3등 공신 중 12인, 4등 공신 전부를 삭제해야 한다는 쪽으로 논의가 모아졌다.[6] 중종이 계속 거부하며 일을 지연시키려 하자, 조광조는 "이런 식으로 하면 결단할 수 없습니다."라며 강경한 반응을 보였다. 결국 중종은 1519년(중종 14년) 11월 11일 정국공신을 개정하라는 교지를 내리게 된다.

그렇다면 조광조의 뜻이 관철되었으니 위훈 삭제 작업은 성공한 것일까? 답은 '아니다'이다. 중종은 개정을 지시한 지 불과 열흘 만인 11월 21일, "대신들의 말을 들으니 다들 그대로 두고 개정하지 않기를 바라고 있다. 또한 공신을 녹훈한 지가 이미 오래되었으니 이제 와서 삭제할 수는 없다."라며 자신의 말을 뒤집었다.[7] 도대체 그사이에 무슨 일이 있었던 것일까? 중종은 이 날, "저들에게 죄를 주고 나서 공신 문제를 다시 논의했으니 우연이 아닌 듯하나, 내가 어찌 이 일 때문에 저들에게 죄를 주었겠는가? 고치려면 모두 고쳐야 하니 함부로 고칠 수 없기 때문이다."라고 하였다. 여기서 '저들'이란 조광조를 비롯한 사림 세력을 말한다. 중종은 11월 15일, 남곤, 홍경주 등 훈구파의 손을 빌어 조광조 세력을 전격적으로 숙청하는 기묘사화(己卯士禍)를 일으켰는데, 공신 개정을 취소한 것은 이 사건과는 상관이 없다는 것이다. 그러나 중종 스스로 의식하며 변명하고 있듯이 기묘사화는 위훈 삭제와 떼려야 뗄 수 없는 관계에 있었다.

다음으로 위사공신은 을사사화(乙巳士禍)의 과정에서 공을 세운 사람들에게 내린 작위다. 1541년(명종 1년) 소위 '소윤(小尹)'이라 불렸던 윤원형, 정순붕, 이기 등은 '대윤(大尹)' 윤임 일파를 역적으로 몰아 제거했다. 그리고 자신들을 비판해 온 선비들까지 연루시켜 숙청해 버렸다. 그래 놓고 사직을 보위했다며 위사공신이라는 감투를 차지한 것이다. 요컨대 위사공신은 소윤 정권의 사사로운 논공행상이라고 말할 수 있다. 을사사화에 참여하지 않았던 심연원, 이언적과 같이 명망 있는 중신들을 공신 명단에 포함시킨 것은, 이러한 비난을 면피하기 위해서였다.

그런데 윤원형이 몰락하고, 위사공신을 승인한 명종(明宗, 재위 1545~1567)이 승하하면서 상황이 달라지기 시작한다. 선조의 즉위와 함께 조정을 장악한 사림이 과거사 청산 작업에 돌입하면서, 을사사화 피해자의 신원과 가해자에 대한 처벌을 요구한 것이다. 이에 선조가 즉위하자마자 대대적으로 신원이 단행되었는데, 삼정승이 공식적으로 요청해 임금이 가납하는 형식[8]을 취하는 등, 범(凡)국가적인 차원에서 이루어졌다. 윤원형, 이기 등을 단죄하는 문제도 별다른 장애물 없이 진행되었다.

위사공신 위훈 삭제도 1569년(선조 2년) 율곡 이이(栗谷 李珥, 1536~1584)에 의해 공론화되었는데, 이이는 이렇게 말했다.

"위사공신은 거짓 훈공으로, 그때 죄를 얻은 자는 모두 선한 선비들이었습니다. 인종께서 승하하셨을 때 중종의 적자로는 다만 명종 한 분뿐이었으니, 천명과 인심이 어찌 다른 사람에게 돌아가겠습니까? 그런데도 간사하고 흉악한 자들이 감히 공을 탐내어 사림을 공격함으로써 거짓 공을 녹훈하였으니, 하늘이 분노하고 사람들이 모두 분개한 지 오래되었습니다. 이제 성상께서 새로운 정치를 펼치기 시작하셨으니 마땅히 위훈을 삭제하고 명분을 바로잡음으로써 국시(國是)를 정하는 일을 늦추어서는 안 됩니다."[9]

권력과 부귀를 탐한 간사한 자들이 마치 명종에게 반역을 한 것처럼 사건을 조작하여 선비들을 죽였다는 것이다. 따라서 태생 자체가 거짓인 위사공신을 취소하여 나라의 기강을 바로 세우자는 것이 이이의 주장이다.

하지만 위훈 삭제는 쉽지 않았다. 앞서 정국공신 위훈 삭제가 공신 중에서 자격이 없는 사람들을 겨냥한 것이었다면, 위사공신 위훈 삭제는 공신의 제정 자체를 문제 삼는 것으로, 그것이 가져올 파장은 훨씬 더 컸다. 공신들의 반발도 반발이지만, 무엇보다 선왕인 명종이 내린 결정을 부정해야 하기 때문이다. 위사공신이 위훈이라면 그와 같은 위훈을 선정한 책임을 물어야 하고, 최종 결재권자인 명종 역시 여기서 자유로울 수 없는 것이다. 더욱이 선조는 방계(傍系)인데다가 명종으로부터 명시적인 후계자 지명도 받지 못했기 때문에 정통성 콤플렉스를 가지고 있었다. 함부로 선왕이 행한 일을 뒤집을 수 없는 상황이었던 것이다. 따라서 선조는 매우 조심스럽게 대응할 수밖에 없었고, 1577년(선조 10년)에 가서야 위훈 삭제를 최종 결정했다.[10] 8년이라는 시간이 걸리긴 했지만 관철된 것이다.

치밀하게 단계적으로

이처럼 정국공신 위훈 삭제가 실패한 것과 달리, 위사공신 위훈 삭제가 성공한 이유는 무엇이었을까? 단순히 임금의 뜻에 따라 갈린 것일까? 우선 정치 환경에 차이가 있었다. 정국공신 개정이 추진될 때에는 사림이 조정의 주요 보직을 맡고 있긴 했지만 공신 세력이 훨씬 더 컸고 뿌리도 깊었다. 정승 등 중립적 위치에 있던 대신들도 조광조의 일 처리가 너무 급진적이고 과격하다며 꺼려 하고 있었다. 상황이 이와 같다면 조광조는 한층 더 조심하면서 일을 추진했어야 했다. 설득을 통해 동조하는 세력을 확보하고, 기득권의 저항을 막아 낼 방법을 모색했어야 했다. 하지만 그는 명분이 올바르다는 것만 믿고 거칠게 나아간 것이다. 이에 대해서는 사관(史官)도 이렇게 논평한다.

"조광조 등이 정국공신 중에 공이 없는데도 외람되게 녹훈된 자가 많다며 삭제하기를 청하였다. …… 조정의 훈구(勳舊) 중에 이들을 좋아하지 않는 사람이 많았고 임금도 이들을 꺼렸는데 이러한 논의까지 일으키니, 남곤이 홍경주를 부추겨 '위망(危亡)의 화가 눈앞에 다가와 있다'고 위협하였다. 임금이 더욱 의심하고 두려워하여 홍경주에게 여러 번 밀지를 내렸다. 그 내용은 대략 이러하다. '임금이 신하와 함께 신하를 제거하려 드는 것이 도리에 맞는 일은 아니나, 간신의 당여가 만들어져 임금을 고립시켰고 이들을 제재하기도 어려운 상황이니, 함께 도모해 제거하여 종사를 안정시키고자 한다.'" [11]

이런 평가도 있다.

"정국공신의 개정은 매우 조심스럽게 추진했어야 하는 일이다. 간사한 자가 화를 불러일으킬 수도 있다는 것을 염려했다면 그 기미를 잘 살펴서 진정시킬 방법을 생각했어야 했다. 그리고 임금의 덕이 더욱 밝아지고 인심이 안정되기를 기다린 연후에 여유 있게 처리했다면 반드시 성취할 수 있었을 것이다. 한데 어찌하여 조광조는 뭇사람의 분노를 돋우어 일을 성공시킬 기회를 잃었을까? 남곤은 작게나마 재주와 명망이 있고, 애초에 사림을 해칠 정도로 미워하지 않았다. 따라서 그를 너그러이 용납하고 분노하는 마음을 갖지 않게 하여 그 화단(禍端)을 예방해야 했던 것이다. …… 홍경주의 무리가 남곤에게 붙으니, 남곤도 전부터 원망을 품고 있었으므로 서로 힘을 합쳐 사림의 화를 만들었다."[12]

바로 이 두 기록에 정국공신 개정이 실패한 이유가 고스란히 나타난다. 최고 권력자이자 최종 결정권자인 임금을 '고립되었다'고 생각할 정도로 몰아붙였으니, 임금이 고깝게 느낄 수밖에 없었다.[13] 또한 남곤처럼 사림에 우호적이 될 수도 있었을 공신 세력을 적으로 만들고, 이들이 홍경주로 대표되는 수구 세력과 손을 잡게 만들었다. 개혁의 동력을 더하기는커녕 위험만 높인 것이다.

무릇 개혁은 소수의 힘만으로는 완수할 수 없다. 기득권과의 대결이 필요할 때는 더욱더 그렇다. 흔히 대의와 선명성을 내세우며 의제를 독점하고, 자신들을 제외한 모든 세력을 청산 대상으로 내모는 경우가 있는데, 어리석은 일이다. 배제보다는 통합의 논리로, 주요 타깃 외에는 모두 포섭하여 동참시켜야 한다. 설득하고 타협해서 자신의 편을 늘려야 한다. 그래야 비로소 바꿀 수 있고,

비로소 개혁할 수 있다. 하물며 공동체에 큰 영향력을 가진 사람들을 압박하고 분노하게 만들었으니, 조광조가 좌초하게 된 것은 필연적인 일이었는지도 모른다.

위사공신 위훈 삭제는 어땠을까? 이 작업의 추진 환경 또한 그리 좋지는 않았다. 척신 정권이 몰락하고 사림이 정국의 주도권을 장악하기는 했지만, 명종의 결정을 무효로 만들어야 했기 때문이다. 이는 '선왕의 법도[先王之法]'를 존숭하고 계승하는 것을 의무로 하는 조선의 임금에게 큰 부담일 수밖에 없었다. 더욱이 선조는 명종으로부터 후계자 지명을 받지 못했다. 자칫 '정통성이 없는 임금이 선왕이 하신 일을 함부로 바꾸려 든다'는 비판이 쏟아질 수 있었던 것이다.

이에 선조의 신하들은 왕을 압박하기 보다는 명분을 만들어 주고 설득하는 길을 택했다. 이이를 필두로 젊은 간관들이 위훈 삭제를 계속 요구하는 가운데[14] 영의정 이준경이 "선조(先朝)의 일을 갑자기 고칠 수는 없습니다."[15]라며 제동을 걸었다. 이준경은 본인도 을사사화로 인하여 심한 고초를 겪었고 가까운 이들을 잃은 바 있다. 하지만 선조에게 즉위하자마자 선왕의 결정을 뒤집는다는 부담을 줄 수 없었을 뿐 아니라, 구세력이 완전히 사라지지 않은 상황에서 섣부르게 이를 추진했다가는 혼란이 닥칠 것이라고 보았다. 이준경은 다음과 같이 말했다.

"위로 자전(慈殿)¹⁶이 계시니 지금 만약 전조(前朝)¹⁷의 대신과 정사에 대해 갑자기 논란하고, 무리지어 다투며, 시국이 바뀐 것을 이용하여 분풀이하듯 한다면, 사체(事體)에 타당하지 못할 뿐 아니라 임금의 마음도 돌리지 못할 것이다. 불평하는 무리들이 그 순간을 이용해서 일어난다면 번복될 우려도 없지 않을 것이다. …… 조용히 의견을 개진하고 인도해야 한다. 급격한 발언으로 느닷없이 논의하지 말고, 먼저 얕게 드러나고 쉽게 보이는 원통한 사실부터 신원하도록 계청해야 마땅하다."¹⁸

이준경이 보기에 위훈 삭제는 단순히 선왕의 결정을 바꾸느냐 마느냐, 그것이 불효냐 아니냐의 문제로 끝나지 않는다. 선조를 임금으로 지명한 대비가 생존해 있는 상황에서 명종조의 신하들에 대해 함부로 논란하면 대비의 분노를 살 수 있다. 위사공신이 거짓 훈공이라 하더라도 이미 지정된 지 오래되었고, 개인적인 과오가 없이 공신으로 지정된 사람도 있다. 일단 준 것을 다시 뺏는 것도 이들의 불만을 사겠지만, 위훈을 삭제하게 되면 이들은 곧 '거짓 공신으로 훈공을 인정받은 자'라는 불명예를 얻게 된다. 이에 원한을 품고 반발하여 나라가 혼란에 빠질 수 있다는 것이다.

따라서 이준경은 일을 단계적으로 진행할 필요가 있다고 생각했다. 그는 우선 조광조에게 시호와 관작을 추증하고, 조광조의 숙청을 주도했던 남곤의 관작을 삭탈하도록 했다. 조광조의 '위훈 삭제' 노력이 정당했다고 평가한 것이다. 선조가 정치적으로 자유로운 일부터 바로잡음으로써 '위훈 삭제'의 분위기를 조성하기 위해서였다. 그리고 잘잘못을 가리지 않은 채 선왕의 결정을 무조건 지키려 해서는 안 된다며 "선왕의 잘못은 사왕(嗣王)[19]이 개정하고, 사왕의 잘못은 또 그 다음의 왕이 개정하여 착한 것만 서로 이어받아야 한다.", "잘잘못을 분별하지 않은 채 선왕의 정사를 굳게 지켜 변경하지 않겠다면 국가가 위태로워진다."라고 주장했다.[20] 이준경은 선조에게 선왕의 잘못을 바로잡는 일이야 말로 진정한 효도이고 국가의 만년 대계를 위한 것임을 설명하며, "간사하고 흉악한 자들이 허위로 만든 훈적을 없애지 않는 것이야말로 선왕께서 저들에게 속임을 당했다는 부끄러움을 남기게 되는 것"이라는 논리를 제공해 준다.[21] 설령 선대의 뜻에 반하는 결정을 하더라도 선대가 물려준 기업을 보다 튼튼히 만드는 것이 진정으로 선대의 유업을 계승하는 것이라는 점에서, 오늘날의 오너 기업에도 시사하는 바가 크다.

하지만 선조는 여전히 주저했던 것 같다. 그는 위훈 삭제를 허락하지 않았는데, 삼정승을 비롯한 대신들은 선조를 압박하기보다는 몇 년에 걸쳐 차분히 설득했다. 이 과정에서 '위훈 삭제'의 대의가 조정의 바꿀 수 없는 공론이 되고 반대하는 목소리들이 사라졌다는 것을 주목할 필요가 있다. 점진적이고 꾸준한 노력이 빛을 본 것이다. 그리고 1575년(선조 8년) 명종의 비 인순 왕후가 죽고, 2년 후인 1577년 인종의 비 인성 왕후가 죽음을 앞두자, 신하들은 마침내 기회가 왔다고 판단했다. 인성 왕후가 승하하기 전에 무고당한 통분을 풀어 주기 위해서라도 신속히 위훈을 삭제해야 한다고 주장한 것이다.[22] 을사사화로 인해 죽임을 당한 인물의 상당수가 인종의 신하들로, 명종의 결정을 뒤집는다는 부담을 인종에게 효를 행한다는 명분으로 상쇄시켜 준 것이다. 결국 선조는 1577년(선조 10년) 11월 28일 위훈 삭제를 단행한다.

이상의 사례를 통해서 생각해 볼 수 있는 문제는 머뭇거리는 리더를 어떻게 하면 개혁의 길로 나아가게 하느냐는 것이다. 자신의 잘못을 인정해야 하기 때문에, 자신의 권위가 침범당한다고 생각해서, 또는 자신의 자리가 위협을 받는다는 이유로 리더는 기존 질서의 변화를 원하지 않는 경우가 많다. 혼란이 두렵고 과정이 번거롭기 때문에 꺼리기도 한다. 그것이 벗어나야 할 그림자이고, 청산해야 할 적폐라 할지라도 말이다. 따라서 리더를 설득하고 리더의 우려를 해소해 주어야 한다. 단순히 명분만 쥐여 준다고 해결되는 것이 아니다. 상황을 조성하고, 세력을 모으며, 리더가 동의할 수 있는 조건을 충족시켜 주어야 한다. 리더는 최종 결정권자이자 공동체에 가장 큰 영향력을 행사할 수 있는 인물이기 때문에, 리더의 동의를 얻지 않고서는 개혁을 이룰 수 없다. 이런 점에서 리더를 지나치게 압박하여 오히려 리더를 적으로 돌린 조광조의 방식은 아쉬움을 남긴다. 비록 10년 가까운 시간이 걸렸지만, 차분히 여건을 조성한 선조 대의 신하들이 이보다 현명했다고 평가할 수 있다.

2부

시스템을 갖추다

세종의 공법 개혁

"평안도의 수령 6명과 관리 및 촌민 1326명은 찬성하였고, 관찰사 조종생을 비롯한 수령 35명, 그리고 품관 및 촌민 2만 8474명은 반대하였습니다. …… 전라도에서는 수령 42명과 관리 및 촌민 2만 9505명이 찬성하였고 관찰사 신개와 도사 김치명을 위시한 수령 12명과 관리 및 촌민 257명은 반대하였습니다. 그리하여 찬성한 사람은 모두 9만 8657명이며 반대한 사람은 7만 4149명입니다."

1430년(세종 12년) 8월 10일, 호조(戶曹)는 전국적으로 실시한 공법(貢法) 찬반 여론 조사 결과를 보고했다. 총 응답자는 17만

2806명이었다. 당시 인구가 약 600만 명으로 추정되는 만큼 전 국민의 3퍼센트 가까이가 참여한 셈이다. 더욱이 각 도와 군현별로 조사 대상자 수를 일정하게 배분했고 고을 수령에서 일반 평민에 이르기까지 천민을 제외한 전 계층을 참여시켰다. 오늘날의 여론 조사와 비교해 봐도 손색이 없는 조사였다. 대체 공법이 무엇이기에 세종은 이처럼 광범위한 작업을 진행시켰을까? 조정에서 그냥 결정하고 시행해도 되는 일인데, 왜 굳이 번거롭게 백성들의 의견을 일일이 청취한 것일까?

공법이란 토지 조세 제도로서 소유한 토지 1결[1]당 세금을 얼마나, 또 어떻게 부과할 것인지에 관한 내용을 담고 있다. 토지가 유일한 생산 수단이나 다름없었던 전통 사회에서 토지 조세는 개인이 부담하는 재산세이자 소득세, 즉 조세의 모든 것이었고 국가로서도 없어서는 안 될 중요한 세원(稅源)이었다. 그야말로 심혈을 기울여야 하는 문제였던 것이다.

이 공법이 등장하게 된 것은 그때까지의 토지 조세 제도였던 답험 손실법(踏驗損實法)이 가진 문제점 때문이었다. 답험 손실법은 농사가 평년작 수준에 못 미칠 경우 그 손실의 정도를 10단계로 구분하여 1단계마다 세금을 10분의 1씩 감면해 준다. 매년 백성의 실제 농사 소출 실적에 따라 세금을 부과한다는 점에서 합리적이지만 손실을 파악하기 위한 농지 실지 조사 과정에서 문제가 발생했다. 첫째, 현장에 나가 답험을 담당하는 실무자에게 지나친 재량권을 주다 보니 부정이 개입될 소지가 컸다. 담당자가 마음만 먹는다면 얼마든지 조작이 가능했던 것이다. 둘째, 민간 소유의 사전(私田)에 대한 답험을 지주들의 자율에 맡기다 보니 그 땅을 경작하는 소작농이 피해를 입었다. 흉년이 들었어도 소작료를 비싸게 받기 위해 고의로 손실을 축소시키는 일이 잦았던 것이다.

이에 세종은 "공전과 사전 모두 나라의 땅이니 수확 실태를 현장 조사함에 있어 그 방법이 달라서는 안 될 것이다."[2]라며 사전도 관청에서 답험하라고 지시했다. 답험 담당자의 재량권 일탈을 방지하기 위해서는 "관리들이 밭머리에서 답험할 때, 경작자에게 종이 한 장에다 실제 수확을 기록한 부본을 내어 주어 확인하게 하고 만일 부과되는 전세가 이와 차이가 있을 경우에는 그것을 가지고 수령에게 고하여 바로잡게 하도록 하자."[3]라는 호조의 건의를 받아들였다. 조세 징수 절차의 투명성을 확보하고 징세자의 사적인 개입을 방지하고자 한 것이다.

그런데 세종은 답험 손실법 체제를 그대로 유지하는 한, 문제를 근본적으로 해결할 수 없다고 판단했다. 조세의 확실성[4]을 확보하기 위하여 그는 새로운 제도의 도입을 모색하는데, 그것이 바로 고대 중국의 토지 조세 제도였던 '공법'이다.

가치 충돌과 조율
『맹자』에 따르면 이 공법은 백성에게 분배된 토지 중 10분의

1에 해당하는 면적에서 나오는 소출을 세금으로 징수하는 제도이다.[5] 그런데 매년 실제 소출을 확인하여 세금을 매기는 것이 아니고 여러 해의 수확을 평균 내어 결정한다. 납부해야 할 세액이 고정되어 있다는 점에서 납세자와 징세자 모두에게 편리한 부분이 있지만, 예컨대 흉년이 드는 해에는 백성들에게 큰 부담으로 작용할 수가 있다. 그래서 맹자는 "공(貢)은 몇 년의 중간치를 비교하여 일정한 수를 내게 하는 것이다. 풍년에는 곡식이 넘쳐 나서 많이 취하여도 포악함이 되지 않는데 적게 취하고, 흉년에는 토지의 곡식이 씨앗을 뿌려 가꾸기에도 부족한데 반드시 일정액을 채운다."[6]라는 용자(龍子)[7]의 말을 인용하며 공법의 단점을 지적한 바 있다. 백성의 담세 능력을 반영하지 못하고 탄력적인 조세 운용도 불가능하다는 것이다.

세종도 이러한 문제를 인지했지만 정액세를 시행하고자 하는 기조를 바꾸지는 않았다. 공법의 장점이 단점을 상쇄할 수 있다고 판단한 것이다. 하지만 이것은 공법을 반대하는 쪽도 마찬가지였다. 이들에게는 조세의 확실성보다 조세 평등과 실질 과세의 원칙이 더욱 중요했다. 답험 손실법의 장점이 단점보다 크다고 본 것이다. 황희(黃喜)는 매년 추수 때마다 농사의 풍작과 흉작 여부를 살펴 3등급으로 구분하고 여기에 맞춰 세를 부과해야 한다고 주장했고, 주관 부처 장관인 호조 판서 안순도 여기에 동의하는데 사실상 답험 손실법을 유지하자는 것이었다.

이처럼 서로 다른 대안이 대립하는 가운데 세종은 공법을 시행하기로 결단했다. 더 이상의 논쟁은 소모적이라고 판단하고, 찬반 의견을 수렴하여 공법의 보완을 모색한다. 이에 세종의 지시에 따라 호조는 전답 1결마다 10두, 땅이 척박한 평안도와 함길도는 7두를 세금으로 내며, 태풍이나 서리, 수해, 가뭄으로 농사를 그르친 사람에게는 조세를 면제하도록 하는 초안을 올려 왔다.[8] 세종은 이 안을 가지고 "의정부와 육조, 각 관사와 서울 안의 전직 관리, 각도의 감사, 수령 및 품관으로부터 여염의 가난한 백성들에 이르기까지 모두 가부를 물어서"[9] 보고하라는 명을 내린다. 이후 5개월이 지난 1430년 8월, 호조에서는 전국적으로 실시된 여론 조사 결과를 종합하여 보고했다.[10] 앞에서 소개한 바로 그 수치다. 중앙의 경우에는 고위급을 제외한 3품 이하 관리 기준, 찬성자는 현직 259명과 전직 443명이었고, 반대자는 현직 393명과 전직 171명이었다. 실록의 기록에 따라 고위 관료 및 주요 정부 기관의 찬반론을 정리하면 다음과 같다.

표 1 공법 찬성파와 반대파의 주요 주장 [11]

공법 찬성	조말생(전 병조 판서)	• 민심을 고려하여 고을별로 반대 의견이 다수인 지역은 기존의 답험 손실법을 유지.
		• 시범 실시를 통해 문제점 보완.
	유효통(집현전 직제학)	• 하등급 토지를 세분화하고, 감면액도 증대.

공법 찬성	박초(전 동지총제) 사간원 주요 관리 합동	• 비옥한 토지와 척박한 토지를 더욱 상세히 구분.
	박서생(집현전 부제학)	• 현행 토지 3등급 체계를 더욱 세분화. 그렇지 않으면 "부자는 더욱 부유해지고 가난한 자는 더욱 가난해진다."
	김달성(도관서령)	• 강원도와 황해도의 땅도 척박하므로 평안도와 함길도 수준으로 전세액 인하.
	예조 주요 관리 합동	• 토지 9등급, 조세 9등급으로 등급을 더욱 세분화.
	하연(총제)	• 정확한 조사를 통해 토지를 9등급으로 나누고, 세액의 차이도 명확히 해야 함.
	유계문(참판)	• 토지를 9등급으로 나누어 조세를 거두고, 재해를 입었을 경우 정도에 따라 감면해 주도록 함.
공법 반대	황희(좌의정) 맹사성(우의정) 허조(찬성)	• 공법을 시행하면 "부자에게는 행운이고 빈자에게는 불행이다." • 답험 손실법을 유지하는 대신 운용 방식을 개선.
	최윤덕(판부사) 문효종, 박실(도총제) 성억(공조 판서) 윤회(예문관 제학)	• 공법은 비옥한 땅엔 유리하고 척박한 땅엔 불리한 제도. • 한 동네에서도 토지가 균일하지 않고 작황도 다름. • 옛날부터 시행해 오던 제도를 함부로 바꿀 수 없음.

공법 반대	김자지(형조 판서) 정연(형조 참판)	• 토지별로 비옥하고 척박한 정도의 차이가 나고, 휴경지도 많으므로 매년 답험해야 함.
	권진(이조 판서) 서선(판한성부사)	• 세액이 풍년일 때는 지나치게 가볍고, 흉년일 때는 지나치게 무거움.

　　표 1에서 눈에 뜨이는 점은 주로 집현전과 사간원의 관리들이 찬성 입장, 의정부 대신들이 반대 입장을 보였다는 것이다. 집현전과 사간원이라는 두 기관의 특성과 개혁에 대한 젊은 관료와 중진 관료들의 관점 차이, 이해관계 등이 복합적으로 작용했으리라 생각된다. 아울러 찬성 측이든 반대 측이든 문제를 인식하는 측면에서는 크게 차이가 나지 않는다는 것도 확인할 수 있다. 양측 모두 현재 상태의 공법 초안이 부자에게 유리하고 가난한 사람에게 불리하다는 것에 동의한다. 다만 찬성파는 세액을 명확히 고정해 놓음으로써 징세 과정에서의 사적 개입을 방지하고 불필요한 비용을 줄인다는 공법의 취지를 중시했다. 공법의 단점에 대해서는 척박한 토지와 비옥한 토지를 상세하게 구분하여 세액을 차등화함으로써 극복하고자 한다. 토지를 9등급으로 세분화하고 재해 정도에 따라 추가로 세금을 감면해 주자는 의견이 그것이다. 반면에 반대파는 공법이 가진 단점에 무게를 뒀다. 그럴 바에는 차라리 매년 답험을 하는 기존의 제도가 더 합리적이라는 주장을 펼치고 있다. 반대파는 공법이 부자에게 유리한 데다가 특히 흉년이

오면 백성들에게 큰 부담을 주게 되는 등 담세 능력을 반영하지 않은 제도이므로 실행할 수 없다고 주장했다.

이처럼 양측의 입장이 팽팽하게 맞서다 보니 세종이 의욕적으로 추진한 공법 개혁은 주춤할 수밖에 없었다. 여기에는 여론 조사 결과도 영향을 미쳤는데, 애초에 세종은 전국적인 여론 조사를 통해 백성의 지지를 확인함으로써 개혁의 돌파구로 삼을 생각이었을 것이다. 하지만 결과는 그렇지가 않았다. 표 2에서 볼 수 있는 것처럼 비옥한 토지가 많은 경상도와 전라도 등에서는 찬성이 압도적이었고 척박한 토지가 많은 평안도, 함길도 등에서는 반대의 비율이 매우 높았다. 비옥한 토지를 가진 부자는 찬성했을 것이고, 척박한 토지를 가진 가난한 이들은 반대했을 것임을 짐작할 수 있다. 법이 실시되면 형평성을 잃을 소지가 다분해서 도저히 이 상태로는 법을 시행할 수가 없었다. 이 때문에 세종은 공법 도입을 잠정 연기하게 된다.

표 2 공법에 대한 지역별 찬반 조사 결과표[12]

지역	찬성		반대	
	수령	품관/촌민	수령	품관/촌민
강원도	5	939	10	6,888
경기도	29	17,076	5	236
경상도	55	36,362	16	377
전라도	42	29,505	12	257

충청도	35	6,982	26	14,013
평안도	6	1,326	35	28,474
함길도	3	75	14	7,387
황해도	17	4,454	17	15,601
유후사(留後司, 개경)	0	1,123	1	71
합계	192	97,842	136	73,304

그런데 이것이 끝이 아니었다. 세종이 다시 공법을 진행시키자 이번에는 재해가 닥쳤다. 1434년(세종 16년)에는 대규모 수재가 일어나 "황해도 1170결, 평안도 6800결, 함길도 1500결, 강원도 700결의 토지가 유실됐다."[13] "경기도, 황해도, 충청도의 해안고을에 바닷물이 넘쳐 벼가 침수되었는데, 손실이 3320결이었으며 노인들의 말에 의하면 이제껏 겪어 보지 못한 조수였다고 한다."[14] 공법을 반대했던 지역들이 대거 피해를 입은 것이다. 1437년(세종 19년)에는 전국적으로 흉작이 발생하면서 역시 공법을 반대하는 여론이 비등했는데, 평안도 백성들은 공법의 폐지를 촉구하는 상소를 올렸고[15], "인심이 흉흉하여 공법이 싫다고 신문고를 치며 상언하는 자들이"[16] 자주 나타났다. 공법을 찬성했던 신하들 중에서도 시행을 연기하자는 주장이 다수를 차지했으며, 영원토록 시행해서는 안 된다는 강경론도 등장했다. 세종도 어쩔 수 없이 "각 도의 조세는 공법을 버리고 예전대로 손실법을 따름으로써 민생에 이바지하라."[17]라는 지시를 내리게 된다.

그러나 공법을 시행하겠다는 세종의 집념은 중단되지 않았다. 그는 공법의 취지를 손상시키지 않는 선에서 법의 단점을 개선할 수 있는 방안을 찾았다. 세종은 공법을 처음 제안했을 때부터 최종 확정될 때까지 15년간 조정 내의 다양한 협의와 찬반 토론을 직접 이끌었는데, 매우 지루하고 고단한 과정이었음에도 절대로 대충 넘어간 적이 없었다. 자신의 의견을 고집하거나 반대파에게 언짢은 내색을 보이지도 않았다. 이 과정에서 영의정 황희도 중요한 역할을 했다. 그는 공법 반대론을 주도하며 공법의 허점을 지적하고 세종의 주장을 조목조목 반박했다. 세종은 이러한 황희를 멀리하지 않고 오히려 "황희의 의논대로 하라."[18]라며 반대파의 의견을 최대한 반영하려고 노력한다. 황희 또한 비록 논의 과정에서는 강하게 반대했더라도 집행 과정에서는 수석 재상으로서의 책임을 다했다. 세종이 공론의 장을 열어 건강한 논쟁을 유발시킴으로써 대립되는 신념 간의 타협과 합의를 이끌어 내고자 했다면, 황희는 일종의 '레드 팀(Red Team)'을 이끌면서 임금의 편향을 막고 올바른 선택을 내릴 수 있도록 보좌한 것이라 할 수 있다.

이어 세종은 역사적 사례와 고전에 대한 연구를 통해 공법을 보완할 방안을 찾아보라고도 지시했다. 그 결과 하연(河演)이 『서경』과 『맹자』의 세주(細註), 『주례』 등 고문헌을 분석하여 맹자가 인용한 용자의 우려는 후세의 제후들이 공법을 잘못 운용했기 때문에 나온 것임을 규명했고, 우임금이 처음 공법을 만든 정신에 따르면 토지 등급에 따른 정액세와 농사의 작황에 따른 세율 변동을 병행해야 한다고 설명했다.[19] 공법을 유지하면서도 답험 손실 법의 장점을 받아들일 수 있는 논리와 방법을 찾아낸 것이다.

세종은 공법의 시범 실시에도 많은 공을 들였는데, 당초 조정은 지역별 공법 찬반 여론과 토지의 비옥도를 감안하여 경상, 전라, 충청 3도를 상등으로 삼고, 경기, 강원, 황해 3도를 중등, 함길, 평안 2도를 하등으로 삼아 전세를 차등 부과하기로 결정했었다. 하지만 각 도별로 테스트 베드 역할을 할 고을을 선택하여 공법을 시범적으로 실시해 본 결과, 같은 도라도 고을마다 토지의 품질이 현격히 다르고 같은 고을 안에서도 토지마다 비옥도가 각기 다름을 확인한다.[20]

이후에도 유형별, 지역별로 공법을 꾸준히 시험함으로써 하등급 토지는 더욱 세분화해서 나눌 필요가 있다는 것, 그리고 "수확의 결손에 영향을 주는 것은 토지의 품질보다는 수재나 한재, 바람이나 서리, 황충(메뚜기) 때문임"을 발견할 수 있었다. 연간 농사 상황에 대한 등급 평가를 3단계에서 9단계로 정밀하게 수정한 것은 그래서이다.[21] 1444년(세종 26년) 전제상정소(田制詳定所)[22]에서 확정한 토지 품질을 6등급으로 나누고 연간 흉풍(凶豐) 정도를 9등급으로 구분한 조세법, 우리에게 '전분육등법(田分六等法)', '연분구등법(年分九等法)'으로 알려진 제도는 바로 이러한 과정을 거쳐 탄생했다.[23]

요컨대 세종의 공법은 토지 소유주로부터 담험권을 회수하고, 세금 징수 과정에서의 사적 개입을 차단하며, 불필요한 징세 비용을 줄이는 등 '조세 확실의 원칙'을 구현하고자 한 개혁이었다. 또한 토지 등급에 따른 정액세를 백성의 농사 작황과 담세 능력을 고려하여 가감하도록 한 선진적인 정책이라고 평가할 수 있다.

물론 처음부터 이와 같은 법안이 마련되었던 것은 아니다. 각기 조세의 확실성과 평등성을 중시한 공법 찬성파와 공법 반대파가 만들어낸 토론과 타협의 결과물이었다. 이들이 서로 다른 견해를 좁힐 수 있었던 것은 양측 모두 가치 기준을 정책 수요자인 백성에게 맞추고 있었기 때문이다. '백성이 만족할 수 있는 정책은 무엇인가?'라는 점에서 합의 도출이 가능했던 것이다. 오늘날에도 '무엇이 정책 수요자를 위한 것인가?', '정책 수요자가 만족하려면 어떻게 해야 할까?'를 먼저 생각한다면, 갈등이 생기더라도 해결의 실마리를 찾을 수 있으리라 본다.

아울러 세종의 역할도 빼놓을 수가 없다. 혁신을 주도하고 대립하는 집단 간의 협력을 이끌어 내며, 수요자의 기대를 충족하고 성과를 거두기 위해서는 적절한 리더십과 소통이 필요하다. 리더십과 소통이 각 단계별로 해당 조직이 끊임없이 학습하고 개선하도록 하는 촉매제가 되려면, 리더는 무엇보다 구성원들과 끊임없이 대화하며 방향을 제시해 줄 수 있어야 한다. 확고한 전략과 목표 아래 이것이 왜 필요한지 구성원을 납득시켜야 하고, 때로는 자신의 뜻을 굽혀서라도 더 좋은 의견을 받아들일 수 있어야 하는 것이다.

피드백 과정도 중요하다. 세종은 새로운 정책을 제시하는 것에 그치지 않고 지속적인 개선을 시도했다. 에드워즈 데밍(Edwards Deming)에 따르면 품질 관리를 위해서는 '계획, 실행, 점검, 조치(PDCA)' 사이클이 반복되어야 한다. 목표를 수립했으면 그에 따른 계획을 실행하고 성과를 측정한다. 그리고 그 성과를 분석하여 애초 설계했던 계획과 어떤 차이가 있는지, 무엇을 보완해야 할지를 점검하는 것이다. 이를 통해 수정된 계획을 도출하고 다시 실행하는 반복 사이클을 거치게 되는데 이와 같은 시행착오가 쌓이면서 점차 정답에 가까워질 수가 있다.

테스트 베드의 운영도 같은 맥락이다. 무릇 처음부터 완벽한 계획이란 존재하지 않는다. 본격적으로 계획을 실행에 옮기기 전에 일정한 공간에서 이를 시범 운영해 봄으로써, 적은 비용으로 불확실성을 낮추고 실패의 위험을 예방하는 것이다. 현장의 다양한 상황과 변수를 반영하고, 과연 이 계획이 기술적으로 실현 가능한지를 검증하며, 구성원들이 이것을 받아들일 준비가 되어 있는지도 확인할 수 있다. 세종은 특히 테스트 베드의 장소 선정에 주의를 기울였는데, 테스트 베드는 계획의 타당성을 시험하기에 가장 적절한 공간이어야 한다. 산출된 결과를 그대로 확산시킬 수 있도록 대표성도 가지고 있어야 한다. 이를테면 경상도에서 공법을 시범 실시하기 위해 테스트 베드를 운영한다면, 경상도의 지역적 특색과 자연환경, 인구 비례의 평균치를 가진 지역이 선정되어야 하는 것이다. 사람들은 테스트 베드가 자신이 살고 있는 지역과 유사해야 그 결과를 수용할 것이기 때문이다.

"두려워하되 모든 역량을 도모하여 일을 성사시켜라." 세종이 즐겨 인용했던 공자의 말이다. 여기서 두려워하라는 것은 일을 시행하는 것을 주저하라는 말이 아니다. 과연 이 일이 성공할 수 있을지 걱정하고 의심하라는 것도 아니다. 섣부르게 결론을 내거나 무작정 밀어붙이지 말고 조심스럽게, 빈틈없이 추진해 가라는 것이다. 그리고 그 과정에서 조직의 역량을 하나로 결집하고 예상되는 리스크에 철저히 대비하며, 꾸준한 개선을 통해 일을 완성시켜 가라는 의미이다. 세종의 공법은 이를 충실히 실천한 사례라 평가할 수 있다.

note 08
영조의 균역법 제정

"요사이 전국에 흉년이 들어 백성들은 아침저녁 먹을 밑천조차 없는데, 몸을 의지할 곳이 없어 이리저리 떠도는 사람들의 신포(身布)를 이웃이나 죽은 이들에게까지 징수한다고 들었다. 심지어 한 사람이 가문 전체의 역을 떠안는 일도 있다고 하니, 슬프도다! 살아서 편안함을 누리지 못한 우리 백성들이 죽은 뒤에도 신역(身役)을 면하지 못하는구나." [1]

1724년, 보위에 오른 영조(英祖, 재위 1724~1776)는 즉위한 지 20여 일 만에 이와 같은 교서를 발표하며 양역(良役)을 변통(變通)[2]하겠다고 천명했다. 양역이란 토지세, 공납(貢納)과 함께 조선의 백성이 부담했던 3대 의무다. 16세에서 60세 사이의 성인 양인(良人)[3] 남자가 담당하는 부역(負役)이라는 뜻에서 '양역'이라고 불린 것이다. 일정 기간 군대에 복무하는 '군역'이 대표적으로, 직접 군인이 되지 않는 사람들은 대신 국방 경비로 군포 2필을 내야 했다. 그런데 양반층이 군역에서 이탈하고, 전쟁과 대기근 등으로 양인 인구가 크게 줄어들면서 과세 대상 인구가 감소했다. 이에 비해 전후 복구와 국방력 확충을 위한 재정 수요는 여전한 상황이었다. 조세 환경이 악화됐지만 각 고을에 할당된 군포의 총액은 변함이 없으면서 고을 수령들은 할당량을 채우기 위해 군포를 무리하게 거둬들였다. 죽은 사람에게 군포를 징수하는 백골징포(白骨徵布), 어린아이를 군적에 올리는 황구첨정(黃口簽丁)의 폐단이 바로 이 과정에서 발생한 것이다. 살기가 힘들어 집을 떠나 유랑민이 된 경우 그 사람의 몫을 일가에게 대신 거두는 족징(族徵), 이웃에게 거두는 인징(隣徵)도 백성들을 힘들게 했다.

이처럼 양역 제도가 문란해지면서 민심이 매우 악화하자 임금과 조정은 대책 마련에 나섰다. 그대로 두면 자칫 민생이 파탄 나고 국가의 존립마저 위협받을 수 있다고 판단한 것이다. 하지만 논의가 지지부진하여 별다른 성과를 내지 못했는데 기존의 관성을 유지하려는 반발 때문이었다. 새로운 세원이 발굴되지 않은 상태에서 백성의 부담을 줄여 주려면 재정 지출을 축소하는 수밖에 없다. 구조 조정과 인력 감축, 예산 절감 등의 노력이 뒤따라야 한다. 한데 개인의, 혹은 자신이 속한 조직의 기득권과 이익을 유지하기 위해 지출 축소에 반대하는 목소리가 거센 데다, 특히 새로운 세원으로 지목된 양반층이 저항하면서 양역 변통 작업은 계속 표류했다. 숙종 대에 양역 관련 논의가 많이 이루어지긴 했지만 어떠한 결론을 내리지도, 무엇을 바꾸지도 못한 것은 그래서였다.

시대의 화두, 양역 변통

그러나 상황이 갈수록 악화했기 때문에 가만히 있을 수도 없는 노릇이었다. 무엇이든 해야 했다. 영조가 왕이 되자마자 양역 변통을 중점 과제로 설정하며 신하들의 노력을 촉구한 까닭이다. 신하들도 나름의 진단과 대책을 내놓았다. 우선 중앙의 군영과 지방의 병영들이 원칙 없이 무분별하게 설치됨에 따라 군역 비용이 과도하게 지출되고 있다는 지적이 있었다. 최규서는 "예전에는 없었던 것들이 요즘 들어 많이 생겨났으니, 훈련도감 또한 국초에는 없었던 것이며 그밖에 새로 설치한 몇 개의 군문과 각사의 추종(騶從)[4] 또한, 옛날에는 없었으나 오늘날 새로 생긴 것입니다. 감영(監營)과 병영(兵營) 및 군읍(郡邑)에도 새로 설치한 것이 있습니다."[5]라 했고, 이명헌도 상소를 올렸다.

"지금 부역을 고르게 하는 방법은 신포를 감하는 것보다 급한 것이 없는데, 신포를 감하는 방법은 쓸데없는 병력을 줄이는 것보다 더 우선되는 것이 없습니다. 대개 오위(五衛)를 혁파하고 훈련도감과 어영청 두 군문을 두었고 또다시 금위영, 총융청, 수어청의 병영을 두게 되자 군액이 날로 증가하여서 한 집 안에 병사로 있는 자가 옛날엔 하나이던 것이 지금은 다섯이 되었고 옛날엔 둘이던 것이 지금은 열이나 되니 백성이 어떻게 곤궁하지 않을 수 있겠습니까?"[6]

임진왜란과 병자호란을 겪은 후, 조선은 국방력 강화를 목적으로 5군영을 설치했는데, 국왕과 궁궐 호위, 수도 방어라는 임무가 서로 겹친다. 얼마든지 통합 운영이 가능한 것이다. 각 지방의 병영과 진보(鎭堡)도 경쟁적으로 설치되면서 백성들에게 군역의 부담을 가중하고 있으니 이를 통폐합하거나 감축함으로써 지출을 줄이자는 것이다.

군포의 과잉 징세를 방지하고 세수를 안정적으로 확보하는 방안으로써 결포제(結布制)와 호포제(戶布制)도 제시되었다. 결포는 소유한 토지 면적에 비례하여 군포를 부과하는 방식이다. 경제력과 조세 부담 능력을 반영한다는 점에서 합리적이지만 역역(力役)을 토지세로 전환하는 것이었기 때문에 옳지 않다는 의견이 많았다. 이미 토지세가 존재하는 데다 대동법(大同法)으로 인해 공납 역시 쌀로 부담하는 상황이어서, 농사 소출에 가해지는 세금이 지나치게 많다는 것이다. 흉년이 들면 세입이 일정하지 않을 것이라는 우려도 있었다. 다음으로 호포는 사람이 아닌 가구를 기준으로 군포를 부과하는 제도다. 양반가도 대상이라는 점에서 세수를 크게 늘릴 수 있는 조치였다. 양역의 폐단은 "문(文)도 아니고 무(武)도 아니면서 아무것도 하지 않고 놀고먹는 자들이 공교로운 계교로 군역을 면함에 따라 이것이 모두 의지할 데 없는 사람들에게 귀결된 데서 연유한 것"[7]이다. 더욱이 양반 역시 본래는 국역(國役)을 담당했던 만큼 호포제를 통해 양반을 다시 부과 대상에 포함한다면 일은 쉽게 해결될 수 있었을 것이다. 영조도 "양역은 호포를 시행한 연후에야 이 폐단을 구제할 수 있을 것이다."[8] "나는 호포의 제도가 약간 나을 것으로 여긴다."[9]라며 계속 호포제를 지지했지만, 사대부들의 거센 반발을 사게 되면서 뜻을 접는다.

예컨대 이광좌는 이렇게 말했다.

"오늘날 이른바 양반이란 사람들은 일하지 않으면서 밥을 먹고, 조세나 역을 부담하는 것을 즐거워하지 않습니다. 한데 갑작스레 전에 없던 군역의 책임을 지운다면 장차 잡아 가두고 매를 쳐야 하는 일이 벌어질 것입니다. 그렇게 되면 어찌 되겠습니까?"[10]

양반이 놀고먹고 세금도 내지 않는 존재라고 비판하는 것처럼 보이지만 진짜 하고 싶은 말은 뒷부분이다. 기존에 없었던 과세가 갑자기 부과되면 양반층의 반발이 셀 것이고 이를 강제로 다스리다 보면 나라가 혼란스럽게 될 것이라는 경고였다. 이 밖에도 이종성은 조선의 양반은 가난한 자라며 이렇게 말했다.

"양반으로서 공장(工匠)이나 상인(商人)이 될 수 없고 또 몸소 농사를 직접 짓는 짓은 죽어도 할 수 없는 일입니다. …… 양역을 지는 백성이 비록 극히 애처롭기는 해도 힘써 농사를 짓고 땔감을 져 나르고 하면 그래도 마련할 길이라도 있지만, 만일 양반에게 돈이나 베를 내라고 하면 한 푼, 한 실오라기인들 어디서 구하겠습니까?"[11]

양반에게 양역의 의무를 지워서는 안 된다는 것이다. 철저히 양반의 입장에 선 논리라고 할 수 있다.

게다가 호포는 제도상의 문제점도 있었다. 부잣집과 가난한 집을 구분하지 않고 일률적으로 역을 부과하므로 불평등하다는 논란이 일었다. 가난하고 힘든 백성들을 구제한다는 취지에 어울리지 않는다는 것이다.

이에 새로운 대안으로 제시된 것이 군포를 2필에서 1필로 줄여 주자는 '감필(減疋)'이었다. 당장은 백성의 과중한 부담을 완화하는 것이 시급하니 거기에 집중하자는 것이다. 영조는 처음에는 찬성하지 않았다. "비록 나라의 저축이 바닥이 나더라도 백성이 가난한 것보다는 낫다."[12]라고 생각하긴 했지만, 재정 부족 없이 감세하기 위해서는 보다 면밀한 준비가 필요하다고 본 것이다. 영조는 이렇게 묻는다.

"이는 일시적인 혜택에 불과하다. 사람들의 마음은 만족을 모르니 1필을 줄여 주면 다음에는 반 필을 바라게 될 것이다. 또한 이것을 가지고 어찌 인징과 족징의 폐단을 해결할 수 있겠는가?"

일이 잘못된 근본 원인을 바로잡아야지 땜질 처방 식으로 대응해서는 안 된다는 것이다. 더욱이 감필로는 인징과 족징의 폐단을 해소할 수가 없다.

그러나 양역 변통 논의가 지지부진하면서 백성의 고통이 갈수록 악화하자 영조도 감필로 선회했다. 다음은 실무를 담당했던 홍계희의 발언이다.

"지금은 결포를 시행할 수 없고 호전(戶錢)[13]도 시행할 수 없는 상황입니다. 우선은 군포의 절반을 감면하여 주고 줄어든 만큼에 대해서 따로 충당할 방법을 찾는 것이 아예 그만두는 것보다는 낫지 않겠습니까?"[14]

감필 역시 단점이 있지만, 현재의 양역을 그대로 두는 것보다는 폐단이 적으리라는 것이다. 영조도 이를 받아들였다. 그리하여 1750년(영조 26년)에 영조는 마침내 양역의 절반을 감해 주라는 어명을 내렸다.[15] 이에 따른 세수 감소를 해결하기 위해서는 ①결전(結錢)을 도입하고[16] ②여결(餘結)[17]을 찾아내 세금을 부과하며 ③비축미를 일부 이획(移劃)하고 ④선무군관(選武軍官)[18]을 도입하여 이들에게 군포를 내게 하며 ⑤어염세(魚鹽稅)[19]를 국가의 세원으로 돌리고 ⑥감혁(減革)과 수용(需用)[20] 등의 조치를 단행했다.

영조는 감필에 따른 새로운 양역 제도의 이름을 '균역법'이라고 지으며 "'균(均)' 자는 바로 '경(輕)' 자의 뜻이다."[21]라고 하였다. 역을 '균등'하게 부과하는 길은 이제껏 지나친 부담을 짊어진 백성의 고통을 '가볍게' 해 주는 데 있다는 것이다. 실제로 균역법은 당시 백성들의 부담을 대폭 경감시켜 주면서 많은 환영을 받았고, 왕실과 부유층이 백성 보호를 위해 참여하는 그림을 연출하면서 사회 통합의 효과도 가져왔다.

그런데 균역법은 도입된 지 30여 년 만에 위기를 맞았다. 정조 대에 이르자 균역법이 일으키는 폐단이 심각하게 논의되었으며 균역법의 폐지까지 거론되었다.[22] 그 이유는 양역 문란의 근본 원인을 해결하지 못했기 때문이다. 백성의 부담을 일부 덜어 주었음은 분명하지만, 사태를 촉발한 이유, 즉 역을 회피하는 피역자(避役者)가 늘어난 것, 국가에서 필요로 하는 군역 비용이 늘어난 것, 백성들이 안정적인 소득을 얻지 못하는 것 등에 대한 대책은 함께 제시되지 못했다. 이 중 백성의 소득 증대는 장기적인 과제이기 때문에 논외로 한다고 하더라도, 세원을 늘리고 쓸데없는 비용 지출을 줄여야만 균역법이 효과를 볼 수가 있다. 그러나 앞에서도 살펴보았듯이 인구 대다수를 차지하는 양반을 양역 부과 대상에 포함하려 했던 호포제가 좌절되었고, 군 조직과 인력 구조

개편 역시 이루어지지 못했다. 지출은 여전히 방만하고 세수 부족은 해결되지 못한 상황에서 세액만 줄여 준 셈이니 폐단이 없으려야 없을 수가 없었다. 결국 이 문제는 1871년 고종 대에 이르러 흥선 대원군이 호포제를 공식 시행하고 나서야 해결의 실마리를 찾게 된다.

개혁을 이끄는 리더의 자세

이상의 사례는 혁신이나 개혁에 성공하기 위해서는 근본을 바꾸는 데서부터 출발해야 함을 보여 준다. 본질을 변화시키지 않았는데 새로운 결과를 도출하기란 어려운 법이다. 병의 뿌리를 제거하지 않고 겉으로 나타나는 병증만 치료한다면 언제든 병이 재발하는 것처럼 말이다. 균역법은 이 부분을 충족하지 못했기 때문에 절반의 개혁에 그친 것이다.

물론 그렇다고 해서 영조의 노력이 무의미했다는 것은 아니다. 비록 근본적인 혁신을 이루지는 못했지만, 영조가 보여 준 태도는 개혁에 임하는 리더의 모범이라고 할 만하다. 사실 양역 변통은 사대부들에게 절실한 문제가 아니었다. 안민(安民)을 완수해야 한다는 정치적, 도덕적 사명에 따라 관심을 두기는 했지만, 군역은 어디까지나 사대부들의 생활 세계와는 관련이 없는 문제였다. 더욱이 이를 해결하기 위해서는 양반 또한 군역에 포함되어야 한다는 주장이 나오고 있었기 때문에 의견만 분분할 뿐 적극적인 의지를 보여 주는 사람은 드물었다. 숙종 때 양역 변통 논의가 실패하고, 영조 역시 양역 개혁을 강조했음에도 균역법 시행까지 26년이나 걸렸던 것은 바로 그래서였다.

따라서 영조가 신하들을 다그치며 끝까지 이 문제를 포기하지 않은 것은 높이 평가받을 만 하다. 영조는 다음과 같이 신하들을 엄히 질책했다.

"우리나라는 고식(姑息)[23]이 습성이 되어 있다. 지난번에 2품[24]이 모여 양역 변통의 문제를 의논하라고 분부했건만 한 달이 지나도 거행하지 않고 있다. 백성을 구제하는 방책에 대해서도 이러하니 대체 장차 무엇을 하겠는가?"[25]

신하들의 각성을 촉구하기도 했다.

"지금 백성들이 물에 빠진 듯 불에 타는 듯한 고통을 겪고 있으므로 기필코 변통을 하려는 것이다. 정성이 지극하면 쇠와 돌도 뚫을 수 있는 것인데, 경들의 정성이 부족한 것 같다."[26]

그뿐 아니라 영조는 자책하는 모습도 거듭해서 보였다.

"양역의 폐단은 말만 들어도 마음이 아프다. 지난해에 특별히 교정청(矯正廳)[27]을 설치하라고까지 명했는데도 지금까지 미루어 왔으니, 모두가 내가 덕이 없는 탓이다."[28]

조선 시대에 임금이 자책하면 신하들 역시 자핵(自劾)[29]해야 한다. 임금이 잘못했다며 반성하고 사과하는데 신하가 가만히 있을 수는 없는 것이다. 영조가 수시로 이렇게 말할 때마다 신하들은 면피하기 위해서라도 대책 마련에 분주했는데, 덕분에 양역 변통 대책이 어느 정도 모습을 갖출 수 있었다.

다음으로 영조는 현장 상황을 정확히 파악하기 위해 노력했다. 그는 양역 제도 개편을 추진한 26년 동안 끊임없이 전국에 어사를 보내 "양역을 변통하는 것은 오늘의 급선무이니 마땅히 자세히 살펴 아뢰라."[30]고 하였으며, 실태 조사와 대안 마련을 위해 각 도에 구관당상(句管堂上)[31]을 파견하기도 했다. 영조는 이들에게 수령과 백성을 직접 만나 보고 양역의 허실을 확인하라고 지시했다.[32] 영조는 해당 지역의 관찰사를 역임했던 사람, 즉 현지 사정을 잘 알고 있는 당상관을 파견함으로써 조사의 정확성을 기한다.

어사나 구관당상의 파견은 수령을 긴장시키려는 목적도 있었다. 영조는 "인징과 족징을 한다는 소문이 들리면 어사를 보내 비밀리에 살피게 할 것이고 발각되면 무겁게 처벌할 것이다."[33]라고 경고했다. 왕이 직접 이 문제를 챙기고 있다는 신호를 계속 주어서 혹시 모를 현장 관리자의 전횡과 과실을 예방하고자 한 것이다.

아울러 영조의 단호한 의지와 리더십도 긍정적인 영향을 미쳤다. 영조는 실무자에게 이렇게 말한다.

"연나라 소왕이 악의를 기용하듯 믿고 비방을 막아 주겠다."[34]
"공도(公道)를 넓히다가 비방을 받는다면 내가 경을 위해 도울 것이다."[35]
"이번 일로 백성에게 혜택이 가게 된다면 그 공은 경들과 함께 나눌 것이고, 백성으로부터 원망을 받게 된다면 그 원망은 나 혼자 들을 것이다."[36]

자신이 방패막이가 되어 줄 테니 소신껏 일하고 설령 일이 잘못되더라도 모든 책임은 자신이 질 테니 걱정하지 말라는 것이다. 영조는 또한 균역법의 흔들림 없는 시행을 강조했다.

"양역을 끝내 변통하지 못한다면 조선은 반드시 망할 것이다."[37]
"군포를 다시 2필로 되돌린다면 조선은 없어지게 될 것이다."[38]
"이제 2필을 회복시키자고 하는 사람이 있으면 내가 마땅히 팽형(烹刑)[39]에 처하겠다."[40]

영조는 기왕 결정한 것이라면 전력을 다해 추진해야 성과를 볼 수 있으며, 이런저런 말들에 휩쓸리다 보면 제대로 집행해 보기도 전에 좌초한다고 생각했다.

마지막으로 영조가 조세의 균등 과세에 대한 확고한 비전을 밝힌 점도 주목된다. 영조는 균역법에 반대하는 유생들에게 다음과 같이 하교했다.

"너희들은 불가하다고 여길 것이나 양역은 위로는 삼정승에서부터 아래로는 사서인에 이르기까지 균등해야 한다. 더욱이 백성은 나의 동포이니 백성과 함께해야 하지 않겠는가? 너희들이 백성을 볼 때는 너와 나의 구별이 있을지 모르나 내가 볼 때는 모두가 나의 적자(赤子)이다. 피차간에 어찌 애증이 다를 수 있겠는가? 내가 만일 잠저(潜邸)[41]에 있었다면 나 역시 의당 역을 부담했을 것이다."[42]

균역법의 대의를 주지시키면서 흔들림 없는 개혁을 강조한 것이다.

무릇 개혁은 종합 예술과도 같다. 심사숙고하여 준비하고 자신의 모든 역량을 쏟아 내야 한다. 기존 방식을 답습하거나 틀에 갇히지 말고 창조력을 발휘해야 한다. 다양한 각도에서 다양한 변수에 대응하고, 구성 요소들을 조화롭게 융합시켜야 비로소 하나의 작품을 만들어 낼 수 있다.

하지만 모든 새로운 시도는 위험해 보이기 마련이다. 아무리 좋은 뜻에서 시작했다고 하더라도 편안함을 해치는 불필요한 행동이나 익숙함을 위협하는 쓸데없는 조치로 받아들여지기도 한다. 따라서 이러한 반응을 딛고 앞으로 나아가기 위해서는 명확한 비전과 설득이 필요하다. 끊임없이 개혁의 당위성을 설명하고 이해시켜야 하며, 포기하지 말고 때로는 단호하게 때로는 온화하게 구성원들을 이끌어야 한다. 이것이 리더의 역할이다.

　리더가 아무 생각도 없이, 아무런 준비도 없이 일을 벌인다면 조직을 위험에 빠트릴 수 있겠지만, 확고한 신념과 비전, 탄탄한 준비가 뒷받침되었다면 현재의 플랫폼에 불을 지르는 것을 두려워할 필요가 없다. 균역법이 비록 미완으로 끝나기는 했지만 비슷한 시간이 투입되었음에도 숙종 대에는 실패하고 영조 대에는 성공할 수 있었던 이유는 무엇일까? 영조가 어젠다를 제시하고 끊임없이 자극을 주었기 때문이다. 영조의 노력이 있었기에 비로소 조직이 움직이고, 개혁안이 도출되었다는 것을 기억할 필요가 있다.

note 09
정조의 신해통공

"청하옵건대 20~30년 사이에 새로 생긴 점포들을 조사하여 모두 혁파하고, 육전의 품목 외에는 난전이라 하여 죄를 묻지 마옵소서. 사사로이 난전을 단속하는 자들에게는 반좌법(反坐法)[1]을 적용하시옵소서. 그리되면 장사하는 사람들은 서로 사고파는 이익이 있을 것이고 백성들도 곤궁할 걱정이 없을 것입니다."

유교 정치사상이 보수적이라는 흔한 오해가 있다. 성현(聖賢)들이 남긴 가르침과 선대 왕들이 정해 놓은 질서가 현재를 규정하고 미래의 방향까지 결정하기 때문이다. 하지만 전통 가치와 제도를 중시한다고 해서 그것이 맹목적인 답습을 의미하지는 않았다. '지금 바로 여기에 가장 적합한 것[時中]'을 찾는다는 유학의 기본 정신에 따라 변화와 혁신이 시도됐다. 시대 환경에 맞게 정책의 방향을 과감히 바꾸기도 했다. 조선 후기 정조(正祖, 재위 1776~1800)에 의해 단행된 신해통공(辛亥通共)이 대표적이다.

본래 조선에는 전안(廛案)[2]이라는 명부가 존재했다. 이 서류에 등록된 소위 시전 상인(市廛商人)만이 한양 도성과 도성 밖 10리 지역에서 상행위를 할 수 있었다. 특정 상품에 대한 전매권도 부여받았다. 전안에 올라있지 않은 사람이 물건을 판매하는 것을 '난전(亂廛)'이라고 불렀는데, 현종이 난전 금지를 제도화하고[3] 영조도 난전 금지법을 거듭 강조하는 등[4] 국가로부터 엄격히 단속을 받았다. 국역[5]을 담당하는 시전 상인들의 이익을 보장해 줄 필요가 있었을 뿐 아니라[6] 난전이 시장 질서를 혼란하게 한다고 판단했기 때문이다. 정조도 초반에는 다르지 않았다.

정조는 "난전으로 인해 시전이 쇠락해지고 시전이 약해지면 물가가 뛰어오를 것인데, 그리되면 가난한 선비와 곤궁한 백성들이 어찌 안심하고 살아갈 수 있겠는가!"[7]라고 말한다. 시전이 건강하고 활성화되어야 백성에게 양질의 상품을 좋은 가격에 보급할 수 있다는 것이다. 정조는 시전 상인들의 어려움을 살펴 지원책을 마련하도록 하였으며[8] 직접 그들과 만나 애로 사항을 청취했다. 국고 7만 냥을 이자 없이 대여해 주기도 했다.[9] 시전 상인이 난전을 직접 단속할 수 있는 권한도 유지시켰다.

그런데 이와 같은 난전 통제 정책은 많은 문제점을 낳았다. 우선 "누룩 조각을 머리에 이고 오는 시골 노파조차도 모두 난전으로 규정한다."[10]라는 말에서 볼 수 있듯이, 백성들이 일상에서 소소하게 사고파는 행위까지 일률적으로 금지해 원망을 샀다.

"시전 사람이 난전을 단속한다면서 면포를 팔던 사람을 구타하여 죽을 지경에 이르게 하고는, 그 면포를 모두 빼앗아 형조에 약간 상납을 하고 나머지는 자신들이 나누어 가졌다."[11]
"오로지 난전을 잡는 것을 일로 삼아 싸리나무[杻], 채소, 기름, 젓갈까지도 임의로 사고팔 수 없게 만들었으며, 지방의 백성이 가져온 소소한 산물과 서울의 소민(小民)이 입에 풀칠을 하는 것도 난전이라며 탄압받으니 그 고통을 이길 수 없다."[12]

실록의 기사처럼, 공권력이 아니라 시전 상인의 사사로운 단속을 허가한 데에 따른 폐해도 컸다. 정조가 "난전을 단속하기를 도둑 다스리듯 하는데 이는 옳은 일이 아니다."[13]라며 백성들이 피해를 입는 일이 없도록 하라고 지시했지만, 어디까지나 소극적인 대처에 불과했다.

더욱이 당시 조선 사회는 경제적으로 큰 변화를 맞고 있었다. 농업 생산력이 증대했고 수공업이 활발해졌다. 대동법이 시행되면서 물품 구매를 대행하는 도고업이 발전하였으며 화폐의 유통이 촉진되었다. 인구가 증가하면서 상품 수요도 급증했다. 전체적으로 사회적 부가 늘어났고 상품 화폐 경제가 성장하는 상황이었다. 이러한 때에 시전 상인의 독점권을 보호하고 자유로운 상행위를 억제한다는 것은 시대의 흐름과 맞지 않는 것이었다.

시장이 변하면 규제도 변해야 한다

이에 정조는 1791년(정조 15년)에 그동안의 정책 노선을 180도 전환한다. 그는 이른바 신해통공을 단행했는데, 좌의정 채제공(蔡濟恭)의 건의를 받아들이는 형식을 취했다. 채제공이 올린 상소의 주요 내용을 보자.

"요즘 들어 빈둥거리며 노는 무뢰배들이 삼삼오오 떼를 지어 스스로 가게 이름을 붙여 놓고 백성들의 일용 생활과 관련한 물품들을 제멋대로 좌지우지합니다. 크게는 말이나 배에 실은 물건에서부터 작게는 머리에 이고 손에 든 물건까지 길목에서 기다렸다가 억지로 싼값에 사들이는데, 만약 물건 주인이 듣지를 않으면 '난전'이라 부르며 결박해 형조와 한성부에 잡아넣습니다. 이 때문에 물건을 가진 사람들이 본전도 되지 않는 값에 어쩔 수 없이 눈물을 머금고 팔아 버리는 일이 비일비재합니다. 그리고 이렇게 사들인 물건을 배나 되는 값을 받고 파는데, 사지 않으면 그만이지만 부득이 사지 않을 수 없을 때에는 다른 곳에서 물건을 살 수 없고, 오로지 그곳에서 울며 겨자 먹기로 사야만 합니다. 이 때문에 물건값이 나날이 올라신이 젊었을 때에 비해 3배, 5배나 됩니다. 또한 근래에 이르러서는 심지어 채소나 옹기까지도 가게 이름이 있어 사사로이 서로 물건을 팔고 살 수가 없으므로 백성들이 음식을 만들려고 해도 소금이 없고, 곤궁한 선비는 조상의 제사를 지내지 못하는 지경입니다."[14]

그러면서 채제공은 서두에 인용한 바와 같이 건의했다. 그 동안 시전에 독점권과 난전 단속권을 부여하다보니 상인이 백성의 상행위를 억압하며 폭리를 취하고 있다는 것이다. 또한 필요 없는 소소한 부분에까지 시전이 남발하며 생겨났으므로 근래에 우후죽순 생겨난 상점들을 정리하고, 나랏일을 하고 있는 육의전(六矣廛)[15]을 제외한 모든 부문에서 난전 단속을 금지하자는 것이다. 정조는 이를 전격적으로 수용하는데, 자유로운 상행위를 허용한 조치라고 볼 수 있다.

이러한 정조의 결단에는 시장과 가격에 대한 인식 변화도 영향을 미쳤다. 애초에는 시전을 통해 물가를 통제하려고 했지만 상품의 가격은 경쟁이 치열할수록 내려간다는 것을 깨달은 것이다. 이러한 생각은 다음의 일화에서도 고스란히 드러난다.

1795년(정조 19년)에 좌의정 유언호가 이렇게 건의했다.

"분기마다 조정에서 방출하는 미곡이 1만여 석 가까이 되는데도 여전히 시장의 가격은 조금도 안정되는 효과를 보지 못하고 있습니다. 이는 부유한 상인들이 사재기를 하여 미곡의 유통을 막고 이익을 독점하고 있기 때문입니다. 그것이 아니라면 대체 방출한 곡식들이 어디로 사라졌단 말입니까? 곡식의 가격을 늘 안정되게 유지하기 위해서는 이들이 가격을 조작하도록 좌시해서는 안 됩니다. 속히 평시서(平市署) 제조(提調)로 하여금 민정을 자세히 살피고 시장의 폐단을 널리 자문하게 하소서. 그 다음 이를 참작하여 지난 몇 년 동안의 평균을 토대로 가격을 고정하소서."

그러자 정조는 이렇게 말한다.

"말은 좋은 말이다. 그러나 나라에서 획일적으로 가격을 정해 놓으면 그로 인한 문제는 사소한 데 그치지 않는다. 무릇 만물이 제각기 다른 것은 자연의 이치이다. 더구나 장사꾼들은 이익을 추구하는 자들이다. 가격을 고정시켜 놨다가 저들이 도성 시장에서 이익을 얻지 못하겠다고 판단한다면 어찌하겠는가? 저들이 싣고 오던 물자를 들고 배를 돌려 다른 곳으로 가지 않는다고 어찌 보장하겠는가?"[16]

물건마다 종류가 다르고 품질도 다르다. 희소성이 다르고 값어치도 다르다. 따라서 물가는 시장에서 자율적으로 결정되어야 한다. 나라에서 가격을 고정시켜 놓는 것은 자연의 이치를 거스르는 처사일 뿐 아니라, 경제 질서를 해쳐서 큰 부작용을 가져올 수 있다. 그래서 정조는 대신 매점매석을 엄단하고, 물자가 원활하게 시장에 공급될 수 있도록 지원하는 일에 치중했다.

이러한 정조의 신해통공 실시로 조선 사회에는 많은 변화가 일어났다. 기존 시전 상인들은 독점적 판매가 보장되어 있기 때문에 보수적인 영업을 해 왔다. 하지만 난전 상인과의 경쟁이 시작되면서 공격적인 영업 기법이 도입되었고 상품의 품질이 개선되었다. 시전 외에도 다양한 상업 구역이 형성되어 백성들의 생필품 구입이 쉬워졌고, 많은 물품과 재화가 모여들어 소비가 촉진되었다. 국가 차원에서도 새로운 상인 집단을 양성하여 세수의 대상으로 삼으면서 재정에 보탬이 됐다. 정조가 과감한 노선 변화를 결단함으로써 모두에게 더 많은 혜택을 가져다준 것이다.

마지막으로 정조가 이 과정을 채제공에게 맡긴 것도 주목할 필요가 있다. 앞서 소개했다시피 정조는 신해통공을 결단하면서 채제공의 건의를 수용하는 형식을 취했다. 채제공은 신해통공의 입안과 시행 뿐 아니라 후속 조치에 이르는 전 과정을 총괄했다. 모든 원망은 자신이 듣겠다며 시전 상인의 조직적 저항을 돌파한다. 이는 채제공의 해당 업무 역량이 뛰어났기 때문만은 아니다. 그가 소수파 재상이었던 이유도 있다. 일반적으로 혁신이나 개혁을 추구하게 되면 주류에 속한 사람들은 대부분 부정적인 태도를 보인다. 내용이 무엇이든 간에 현재와 달라지는 것인 이상, 자신들에게 손해가 될 것이라 생각한다. 지금의 체제가 편하고 익숙하기 때문에 굳이 상황을 바꿀 필요를 느끼지 못한다. 따라서 상대적으로 이해관계가 적은 사람, 즉 비주류에 속한 인재를 적절히 활용할 필요가 있다. 혁신의 선도자가 비주류에서 배출되는 것, 이는 오늘날도 마찬가지가 아닌가.

note 10
조준의 토지 제도 개혁

"토지 제도를 바로 세워 나라의 재정을 넉넉하게 하고 백성의 살림을 부유하게 하는 것은 당장 해야 할 급선무입니다. 국운이 좋냐 나쁘냐는 백성이 잘사는가에서 못사는가에서 비롯되는 것이요, 백성이 잘살고 못사는 것은 토지 제도가 균등하게 적용되고 있는지 여부에 달려 있습니다."[1]

정도전과 더불어 조선 건국을 주도한 송당 조준(松堂 趙浚, 1346~1405)[2]은 새 왕조의 법과 제도를 확립한 인물이다. 특히 그는 토지 문제가 민생 안정을 위한 선결 과제임을 인식하고 이를 바로잡기 위해 모든 노력을 아끼지 않았다. 조선 초기의 토지 제도인 과전법(科田法)이 확립되는 데에 그의 역할은 절대적이었다. 이번 장에서는 바로 이 조준의 토지 개혁에 대해 살펴보고자 한다.

오늘날에도 토지는 중요한 '재산권의 객체'지만 전통 사회에서 그 비중은 훨씬 컸다. 토지가 거의 유일한 생산 수단이었으며 부(富)의 대부분도 토지를 통해 창출되었기 때문이다. 인간의 사회적 관계를 규정하고 신분을 결정짓는 일들이 모두 토지를 매개로 이루어졌고, 토지의 분배, 소유, 사용 형식이 곧 국가 체제의 성격을 결정했다.[3] 나라를 일컫는 말인 '사직(社稷)'이 토지신(土地神)과 곡신(穀神)에게 제사 지내는 곳에서 유래했을 정도다. 그뿐만이 아니다. 토지는 국가 재정 확충이나 민생 안정의 문제를 넘어서 정신적인 영역에까지 연결되었다. 일찍이 맹자는 "백성들이 살아가는 도리를 보면 항산(恒産)이 있는 자에게는 항심(恒心)이 있고, 항산이 없는 자에게는 항심이 없다."[4]라고 하였다. 백성의 물질적 필요를 충족시켜 줌으로써 그들의 정신적 향상도 가능하다고 본 것이다. 이때의 물질적 필요가 바로 토지였다.

그런데 조준이 관직 생활을 시작한 고려 말기에는 토지 제도가 매우 어지러웠다. 토지의 공적인 의미가 사라지고 지배층의 이익을 충족하기 위한 수단으로 전락했다. 고려 시대의 토지 제도인 전시과(田柴科)는 기본적으로 국역, 즉 나랏일에 종사하는 이들에게 그 직위에 해당하는 토지를 나눠 주는 체제다. 정확히 말하면 해당 토지에 대해 조세를 거둘 수 있는 수조권(收租權)을 준다. 이들이 죽거나 관직에서 물러나면 그 권한이 국가에 환속되는데, 이를 반납하지 않고 토지 자체를 사유화하면서 문제가 발생한 것이다. 여기에 권세가와 지배 계급이 토지 겸병(土地兼幷)[5]을 자행하면서 상황은 더욱 악화되었다. 조준의 설명을 보자.

"토지를 나눠 주고 회수하는 법이 무너지고 겸병이 판을 치니, 재상이 되어 (녹봉으로) 밭 300결을 받아야 할 자가 송곳 세울 만한 땅도 받지 못하고 있습니다. 왕실을 호위하고 외적을 방비할 군사의 옷, 양식, 무기가 모두 토지로부터 나오는 것인데 그것을 감당할 비용이 없습니다. …… 사전(私田)이 다툼의 씨앗이 되어 관련자들로 감옥이 가득하고, 판결을 기다리느라 농사를 짓지 않습니다. 문안(文案)이 산처럼 쌓여 있어 관리들이 토지 송사를 처리하는 일에만 매달립니다. 자식이 부모에게 토지를 요구하고 뜻대로 되지 않으면 원한을 품습니다. 부모에 대해서도 이러한데 하물며 형제간이야 어떻겠습니까? 사전으로 인해 인륜이 금수와 같아진 것입니다.[6]"

토지의 공공성 회복에 주력하다

조준이 보기에 모든 문제의 원인은 사사롭게 소유한 토지, 즉 사전에 있었다. 사전이 늘어나면서 전쟁에 나갈 군인이나 새로 관리가 된 사람은 물론이고, 심지어 최고위직인 재상에게 지급할 토지조차 부족해졌다는 것이다. 그는 이와 같은 상황에서 누가 과연

나라를 위해 헌신하고, 나라를 위해 전쟁터에 나가겠냐며 의문을 제기했다. 또한 토지 분쟁이 증가하면서 지방 행정력이 낭비되고 있으며, 사전을 둘러싸고 부모와 자식, 형제가 다투는 현실을 한탄했다.

"조종(祖宗)[7]이 세운 법에 따르면 백성으로부터 토지세를 취한 것은 생산량의 10분의 1이었습니다. 한데 지금 토지를 차지한 자들이 사사롭게 백성에게 거둬들이는 것은 열 배, 천 배나 되니, 하늘에 계신 조종의 영령을 어찌 대하겠습니까? 국가의 인정(仁政)은 또 어찌 되겠습니까? 토지는 백성을 기르는 것인데 도리어 백성을 해치고 있으니 이 얼마나 슬픈 일입니까! 지금 백성들은 사전의 주인에게 낼 소작료를 다른 사람으로부터 빌려서 겨우 충당하고 있습니다. 그 빚은 아내를 팔고 자식을 팔아도 갚을 수가 없습니다. 부모가 굶주리고 추위에 떨어도 봉양할 수 없는 지경입니다. 백성의 원통한 절규가 하늘에까지 닿고 있습니다."[8]

더욱이 사적으로 토지를 차지한 자들이 백성에게서 무거운 소작료를 뜯어내니 백성의 원한은 그야말로 하늘을 찌르고 있었다. 조준은 이와 같은 같은 현실을 타개하기 위해 고려 태조의 정책에 주목한다.

"삼한[9]이 통일되자 태조께서는 곧바로 토지 제도를 바로잡았습니다. 관리와 백성에게 토지를 나누어 주되 관리가 죽거나 죄를 지으면 회수했습니다. 모든 이들이 정해진 법도에 따라 토지의 소출로 생계를 꾸렸고, 그 땅에 정착하여 생업을 편안히 하여 나라가 부강해졌습니다."

정책이든 제도든 현재의 프로그램을 바꾸기 위해서는 먼저 '프로그램 레퍼토리(program repertory)'[10]를 검토할 필요가 있다. 과거, 혹은 다른 집단에서 채택했던 프로그램 목록에서 동일하거나 유사한 사례를 찾아보는 것이다. 여기에는 개혁 과정에서 나타나게 될 여러 문제들, 그리고 그 결과에 대한 정보가 담겨 있으므로, 새로운 프로그램을 입안하고 추진하는 데 유용한 도움을 준다. 조준은 '토지 제도 프로그램 레퍼토리' 중에서 고려 태조의 프로그램을 롤 모델로 선택한 것이다. 조준은 이렇게 주장했다.

"태조께서 지극히 공정하게 토지를 나누어 주신 법을 준수하고 사사로이 주고받아 겸병하는 폐단을 고쳐야 합니다. 규정에 어긋나는 사람에게 토지를 주지 말고 법을 엄격히 세워 마음대로 사고팔지 못하게 하소서."

나아가 조준은 공무를 맡은 자에게 토지를 분급하고, 사적인 토지 교환을 금지하는 것을 토지 개혁의 2대 원칙으로 제시했다.

그러면서 ①토지의 수조액을 1결당 쌀 20두로 낮추고, ②관료에게는 품계에 따라 토지를 분급하되, 그 직을 그만둘 경우 곧바로 토지를 반납하도록 하며 ③1결이라도 적게 반납하는 자는 사형에 처하고, ④군전(軍田)[11]은 20세에 받고 60세에 국가에 반환하도록 하는 등의 세세한 시행 방안을 마련했다. 주로 토지 환수 절차를 엄격하고 투명하게 운용하는 일에 집중하고 있음을 볼 수 있는데, 그가 구상하는 공전적(公田的) 토지 제도의 성공은 결국 토지에 대한 소유욕을 얼마나 효과적으로 제어하는지에 달려 있기 때문이다.

그런데 이와 같은 조준의 개혁은 거센 저항을 받게 된다. 고려의 기존 질서가 무너지는 것을 우려하여 반대하는 사람도 있었지만, 대부분 자신이 가진 이익과 부를 포기할 수 없어서였다. 심지어 조준과 같은 신진 사대부 집단 내부에서도 반대하는 목소리가 나왔다. 사대부들의 정신적 지주 이색(李穡)은 "법을 경솔히 개혁할 수 없다."라고 하였으며, 그를 따르던 관리들도 토지를 겸병하는 것이 문제이지 사유(私有)는 아무런 문제가 없다고 하였다.

인정을 명분으로 내세우다

조준은 어떻게 이러한 반대를 뚫고 새로운 토지 제도를 확립할 수 있었을까? 요즘에 흔히 집권 초기를 개혁의 적기라고 부른다. 강력하고 조직적인 개혁 저항을 제압하기 위해서는 충분한 힘이 있어야 하는데, 국민의 지지율이 높은 초기만큼 적절한 시점은 없다는 것이다. 금융 실명제 등 역대 정부의 주요 개혁들이 정권 초반기에 단행되었다는 사실이 이를 뒷받침한다. 조준의 경우도 유사하다. 과전법이 결실을 맺은 1391년(고려 공양왕 3년)은 고려에서 조선으로 왕조가 교체되는 혁명 국면이었다. 최고 실력자인 이성계가 적극 지지하고 혁명 세력이 추진한 의제였기 때문에 '정책 불응'을 쉽게 다스릴 수가 있었다.

하지만 정책이 진정으로 안착하기 위해서는 구성원들이 새 정책에 동의해야 한다. 구성원을 설득하지 못하는 개혁 정책은 설령 강력한 추진력을 가졌다 하더라도 종국엔 실패한다. 그런 의미에서 조준이 토지 개혁의 정책 목표로서 '인정(仁政)의 실현'을 내세운 것이 주목할 만하다. 정책 목표란 '현재는 존재하지 않으나 정책을 통하여 미래에 있어서 발생하도록 하고자 하는 상태'[12], '정책 추진을 통해서 구현하고자 하는 바람직한 상태(desirable state)'[13]를 말한다. 즉, 정책 목표에는 어떠한 상태를 이룩하고자 하는 '소망성(desirability)'이 담겨 있어야 한다. 이 소망성이 바람직할 때 정책 대상 집단인 구성원들의 순응을 이끌어 낼 수 있으며 정책 피해 집단의 반발을 줄일 수가 있다.

인정은 바로 조준의 토지 개혁 정책이 가진 소망성이었다. 맹자가 처음으로 제시한 개념인 인정은 유교 정치사상의 핵심 이념이다. 백성이 나라의 근본이라는 민유방본(民惟邦本)의 인식 아래, 백성을 교화하여 그들이 가진 착한 본성을 고양하고, 백성의 삶을 안정시키는 데에 목표를 두고 있다. 그런데 이 인정은 일종의 도덕적 이상이자 선언이다. 정책적 구체성이 약하다. 그럼에도 조준이 인정을 정책 목표로 삼은 것은 누구나 다 동의할 수밖에 없는 보편 원칙을 내세우는 것이 효과적이라고 판단했기 때문이다.

물론 아무리 대의(大義)를 전면에 내세운다고 해도 그것이 추진하는 개혁과 직접 연결되지 못한다면 소용이 없다. 그냥 억지로 끼워 맞춘 것 아니냐고 비판받을 수 있다. 조준은 "나라를 가진 사람은 반드시 경계(經界, 境界)를 인정의 시초로 삼아야 한다."라고 강조했다.[14] 백성이 잘살고 못사는 것은 토지 제도에 달려 있다고도 하였다. 인정의 실현이라는 정책 목표는 민생 안정을 통해 이뤄질 수 있고, 민생 안정은 토지 개혁을 통해 가능하다는 것이다. 요컨대 조준의 개혁은 하위 목표 또는 정책 수단(토지 제도 개혁) → 상위 목표(민생 안정) → 최종 목표(인정의 실현)로 구조화해 볼 수 있을 것이다. 이렇게 되면 다음과 같은 이점도 있다. 토지 제도 개혁을 반대하는 사람에게 '그렇다면 당신은 인정을 펼치지 않겠다는 것인가? 인정에 반대하는 것을 보니 당신은 참된 유학자라고 할 수 없다.'라는 공격이 가능하게 된다. 실제로 반대파들은 인정이라는 당위성을 내세우며 토지 개혁을 관철하려는 조준에게 적어도 가치적, 논리적으로는 별다른 반박을 하지 못했다.

이상 조준의 사례는 명분의 중요성을 다시금 확인시켜 준다. 개혁에 성공하기 위해서는 문제를 정확하게 인식하고 실현 가능한 최선의 대안을 찾아야 한다. 반대 집단의 저항을 극복하고 구성원의 지지를 확보하는 일도 필요하다. 명분은 이 모든 과정에 힘을 실어 준다. 개혁을 위해 '무엇이 가장 효과적인 수단인가?' 라고 하였을 때, 명분은 그 수단을 사용하는 정당한 이유가 된다. 반대파마저 수긍할 수밖에 없는 권위를 제공해 주기도 한다. 다만 주의할 점은 명분과 실질이 긴밀하게 연결되어야 한다는 것이다. 그렇지 못하면 아무리 멋들어진 명분이나 대의를 내걸더라도 공허할 뿐이다. 명분을 나의 논리로 만들어야 한다는 것, 이 점을 꼭 기억해야 한다.

note 11
신문고 설치

"억울함을 호소하고자 하는 사람으로 서울은 주무 관청에, 지방은 수령이나 감사에게 민원을 제출하되, 처리해 주지 않는다면 사헌부로 오라. 만약 사헌부에서도 다스려 주지 않는다면 바로 와서 북을 쳐라. 원통함과 억울함을 분명하게 밝혀 줄 것이다."[1]

어느 재벌 그룹의 회장은 평소 회사 인트라넷 '고객의 소리' 게시판에 자주 댓글을 달았다고 한다. 고객이 불만을 표시한 직원을 징계하라고 직접 지시하기도 했다. 얼핏 훌륭한 대응으로 보인다. 고객 만족을 위해 CEO가 직접 나선 것이니 말이다. 하지만 이

것이 과연 긍정적이기만 한 행동이었을까?

이와 관련하여 조선 시대 신문고(申聞鼓)의 사례를 살펴보자.[2] 태종 때 처음 설치한 신문고는 백성이 하고 싶은 말이 있거나 원통하고 억울한 일을 겪었을 때, 이 북을 쳐서 사정을 이야기하도록 한 것이다. 요즘으로 말하면 국민 제안, 민원, 청원을 합쳐 놓은 셈이다. 취지만 놓고 본다면 신문고는 훌륭한 제도임에 틀림없다. 억울한 일을 당한 백성, 행정과 사법의 정당한 보호를 받지 못한 백성을 위해 통치자인 왕이 직접 행동하는 것이기 때문이다. 신문고를 치면 왕이 사연을 청취해 준다는 것은 매우 강력한 효과가 있다. 실제로 왕이 요청을 들어주었는지 아닌지, 백성의 바람대로 문제가 해결되었는지 아닌지를 떠나서 말이다. 우선 중간 담당자, 즉 백성이 속한 고을 수령이나 해당 사안의 소관 관청에서 긴장한다. 잘못했다가는 왕으로부터 문책을 받을 수 있으니 문제가 생기지 않도록 사안을 최대한 잘 처리하고자 노력하게 된다. 이에 대해 영의정 하륜은 이렇게 말했다.

> "관리가 백성의 송사를 결단함에 있어 상총(上聰)[3]에 아뢸까 두려워하여 마음을 다해 세밀히 살피기 때문에 백성이 그 복을 받으니, 신문고는 실로 자손 만세의 좋은 법입니다."[4]

다음으로 왕이 검토를 지시하면 아래는 일사불란하게 움직이기 마련이다. 보다 꼼꼼하게 사안을 살피고 민원인이 만족할 만한 결과를 주기 위해 애쓴다. 고을 수령이 처리할 때와 왕이 처리할 때에는 결과뿐 아니라 처리 속도도 질적으로 다를 수밖에 없다.

이러한 장점 덕분에 함부로 신문고를 이용하려 드는 사람이 많았다. 사헌부 관리와 폭력 충돌을 벌인 갑사(甲士)[5]가 상대방을 비난하기 위해 신문고를 쳤고,[6] 승진시켜 달라며 신문고를 두드린 사람도 있었다.[7] 나라에서 시행하는 정책이 자신의 이익을 침해한다며 신문고를 치는 경우도 잦았다.[8] 다른 사람을 무고하거나 허위 사실을 주장하는 사람도 빈번하게 출현했다.

이에 1422년(세종 4년)에 조정은 신문고에 대한 규정을 정비한다.[9] 원래 조선의 법은 중간 단계를 거치지 않고 신문고를 친 백성이나 백성의 민원을 처리해 주지 않은 관리, 다른 사람을 무고하거나 허위 사실을 고한 사람을 모두 엄중히 처벌하게 되어 있다. 그런데 사실상 관리에 대한 문책은 거의 이루어지지 않았다. 형조에서 올린 보고를 보자.

"백성의 요청을 살펴 다스리지 않는 관리에게 그 죄를 묻지 않으니 이로 인해 마땅히 접수하여 처리해야 할 일도 하지 않고 있습니다. 저들이 소장(訴狀)을 살피지 않고 물리친 탓에 백성들이 난잡하게 북을 두드리는 지경에 이르렀습니다."

형조가 해당 관리에 대한 처벌을 강화하자고 주청하자 세종은 이를 받아들인다. 세종은 신문고가 오남용되고 있는 이유를 중간에서 관리들이 제 역할을 하지 못했기 때문으로 본 것이다.

또한 세종은 신하들의 반대에도 불구하고 백성이 신문고를 함부로 치더라도 죄를 묻지 않겠다고 선언했다. 그때까지는 조건[10]과 절차[11]를 지키지 않는 경우 해당 민원인을 처벌해 왔다. 이렇게 되면 "호소하고 싶은 것이 있는 사람도 법이 두려워 함부로 말하지 못할 것이다. 또한 어리석은 사람은 처벌받는다는 것을 모르고 법을 위반하게 될 것이다."[12]라는 것이 세종의 판단이었다.

하지만 세종의 조치는 상황을 악화시켰다. 신문고를 남용하는 사례가 갈수록 더 늘어난 것이다. 사헌부에서는 다음과 같이 상소했다.

"거짓 무고하는 자와 망령되이 고하는 자, 단계를 거치지 않고 소청하는 자를 모두 그대로 두고 죄를 묻지 않으니, 마음에 조금만 불만이 있어도 신문고를 치겠다고 나섭니다. 올바르게 판결한 것도 자신의 뜻에 배치된다고 하여 신문고를 치고, 미결된 것도 기결되었다며 신문고를 치는 자들이 있습니다. 작고 더러운 사소한 일들까지 신문고로 가져옵니다. 이로 인해 전하를 번잡하게 하고 소송이 복잡하게 불어났으며 풍속이 가벼워지고 있으니 우려하지 않을 수 없습니다."[13]

결국 세조 대에 이르러 신문고에 대한 규제는 다시 강화되었고,[14] 얼마 지나지 않아 신문고는 아예 폐지되었다. 성종과 영조,

정조 대에 일시 복구되어 운용되었지만 유명무실했다.

지나친 개입이 가져온 문제점

신문고 자체의 훌륭한 목적과 왕들의 선한 의지에도 불구하고 신문고 제도가 이처럼 혼탁해진 것은 왕이 직접 일선 업무에 개입하는 구조였기 때문이다. 물론 백성의 목소리에 귀를 기울이고, 단 한 사람이라도 억울한 일을 당하는 백성이 없게 하는 것은 왕의 당연한 의무다. 그러나 그것은 어디까지나 시스템에 의해 이루어져야 한다. 백성이 원통하고 억울한 일을 당하지 않도록 올바르게 일을 처리해 주고, 또 그런 일을 당한 백성을 살펴 구제해 주는 것은 일차적으로 일선 관리가 해야 할 일이다. 각 고을, 감영(監營), 소관 관청이 제대로 작동했다면 백성이 애초에 신문고를 찾을 일이 없었을 것이다. 왕은 관리와 관청이 제 역할을 할 수 있도록 만드는 데에 집중해야 한다.

왕이 일일이 민원에 관여하는 것도 문제다. 최고 권력자가 직접 민원을 해결해 주면 너도나도 그 앞에서 문제를 해결하려 든다. 하소연할 데가 왕밖에 없어서가 아니라 그저 제일 높은 사람이 지시하면 일이 더 잘 해결될 것 같아서 왕에게 온다. 관청이 민원을 받아들여 주지 않아서가 아니라 왕이 다뤄 주면 보다 신속할 것 같아서 왕을 찾는다. 일선에서 충분히 해결할 수 있는 사소한 일까지 말이다. 이렇게 되면 중간에 있는 관리들은 손을 놓고 왕의 눈치만 본다. 어차피 임금이 결정해 줄 테니 그저 기다렸다가

시키는 일만 하는 것이다. 능동적으로 일을 처리해 주었다가 불만을 품은 민원인이 신문고를 치면 괜히 잘못했다고 처벌받게 되니 사서 고생할 필요가 없다.

물론 신문고를 매개로 왕이 백성을 직접 만나 그의 사연을 청취한다는 것은 공직 사회에 긍정적인 긴장을 불러온다. 사각지대에 놓여 있거나 부패한 관리로부터 피해를 입은 백성에게 신문고는 마지막 희망이었을 것이다. 다만 역할이 과도해지면서 득(得) 못지않게 실(失) 또한 컸다는 것이다. 더욱이 조선에서 신문고를 둘러싼 논의는 백성이 자유롭게 신문고를 칠 수 있도록 허용할지 아니면 칠 수 있는 요건을 엄히 규제할지에 맞춰져 있었다. 이 논의는 초점을 잘못 잡은 것이었다. 절차를 거치지 않고 함부로 치는 사람들이 많아서 문제라고 하더라도 위민(爲民)이 국가의 근본 방침인 이상 '자율'을 폐기할 수는 없다. 그렇기에 논의에 결론을 내기 힘든 것이다. 따라서 대신 민원을 접수하고 처리하는 일선 관리들을 격려하고, 이들이 백성의 일을 올바르면서도 능동적으로 해결해 줄 수 있도록 유인해야 했다. 이를 통해서 신문고에 대한 백성의 수요를 줄여 가는 것이다. 그러나 당시에는 이러한 노력을 찾아보기가 힘들었다. 앞에서 소개했듯이 백성의 소청을 받아 주지 않고 백성의 일을 제대로 처리하지 않는 관리를 엄히 문책하자는 논의가 있기는 했지만, 처벌 위주의 네거티브한 방식으로는 문화를 바꾸기 힘들다.

최고 권력자의 지나친 개입을 지양해야 한다는 점에서 신문고의 교훈은 오늘날 기업에도 시사점을 준다. 서두에서 소개한 사례로 돌아가 보자. CEO가 고객의 불만 사항을 확인하는 것은 칭찬할 만한 일이다. 다만 직접 시시콜콜하게 댓글을 달고 담당자의 징계를 지시하곤 하는 것은 바람직하지 않다. 고객의 불만이 접수되면 매뉴얼대로 처리하고 절차와 규정에 따라 잘잘못을 판단하면 될 일이다. 그러지 않고 CEO가 빈번히 개입하게 되면 담당자와 담당 부처는 제 역할을 하지 않고 윗사람의 처분만 기다린다. 시스템이 무시되고 CEO 개인의 주관에 따라 업무가 처리된다. 게다가 현장의 상황을 모르고 서류로만 판단하는 CEO의 결정이 옳다는 보장도 없다. 물론 'CEO가 고객의 불만 사항을 항상 확인하고 있다.'라는 메시지를 직원들에게 인지시키는 것은 도움이 된다. 긴장한 임직원들이 신속하고 최선을 다해 해당 업무를 처리할 것이기 때문이다. CEO의 개입은 그러한 긴장을 줄 수 있을 정도, 딱 그만큼이면 충분하다.

note 12
호패법 논쟁

"백성이 고통을 받다가 도저히 견딜 수 없는 지경에 이르게 되면 터전을 버리고 떠도는 삶을 선택합니다. 이것이 그들의 유일한 활로이기 때문입니다. 그런데 백성이 이 지경에 이르지 않도록 해 주지는 못하면서, 떠돌지 못하게 막기만 한다면 이는 그들을 죽이는 것이나 다름이 없습니다."[1]

인조 때 호패법(號牌法) 시행에 반대했던 조익(趙翼, 1579~1655)의 발언이다. 호패법이 백성을 옥죄고 있다는 것이다. 호패법은 1413년(태종 13년), 의정부의 건의에 따라 처음 시행되었다.[2] 16세 이상의 남자에게 호패를 패용하도록 하는 법으로,

호패는 오늘날의 주민 등록증과 유사하다. 호패는 길이 3촌 7푼(약 11cm), 너비 1촌 3푼(약 4cm), 두께 2푼(약 0.6cm)으로 품계와 신분에 따라 재질이 달랐다. 관직(직업), 성명, 출생 연도, 거주지 등이 기재되어 있고 노비의 경우에는 출생 연도, 주인 집, 거처, 얼굴 색, 수염의 유무, 신장 등이 상세하게 기록되었다. 호패는 빌리거나 빌려줄 수 없으며, 분실하거나 위조하면 무거운 처벌을 받았다. 관문 등에서 호패가 없는 사람을 통과시켜도 문책되었다. 매우 엄격한 법이었던 것이다.

이 호패법은 백성을 통제하고 관리하기 위해서 만들어졌다. 특히 가호(家戶)가 아니라 사람을 기준으로 부과되는 신역(身役)의 경우, 호패는 대상자를 파악하는 효과적인 수단이었다. 하지만 호패법은 조선 시대 내내 시행과 폐지를 거듭한다. 전체적으로 보면 중지된 기간이 훨씬 더 길었다. 왜 이러한 상황이 벌어졌던 것일까?

호패법은 기본적으로 국가를 위한 것이다. 징세, 군대 충원 등 국가의 필요를 위해 만들어졌다. 백성의 거주, 이동을 규찰함으로써 국가의 장악력을 높이는 효과도 있었다. 반대로 백성에게 호패법은 자신을 구속하는 불편한 법이다. 특히 기근, 재난 등으로 인해 사는 곳을 떠나지 않을 수 없는 상황이라면 큰 걸림돌이 된다. 태종 때 처음 시행된 호패법이 몇 년 만에 '백성이 원하지 않는다 하여 폐지'된 것은 그 때문이었다.

그러나 국가의 입장에서 볼 때 호패법은 여전히 버리기 아까운 법이다. 세종 때 변계량의 발언을 보자.

"한 고을의 책임자는 마땅히 그 고을의 호구를 알아야 하고,
한 나라의 주인은 마땅히 그 나라의 호구를 알아야 합니다.
…… 백성들이 호패를 꺼리는 것은 공적(公籍)[3]에 이름을 올리
지 않아 부역을 면하려고 하는 것이오니, 호패의 법은 마땅히
거행하여야 합니다."[4]

원활한 국정 운영과 부역 부과를 위해서는 호패법을 통한 호
구 파악이 반드시 이루어져야 한다는 것이다. 선조 때 비변사에서
올린 '호패법을 다시 시행할 것을 청하는 상소'도 같은 주장이다.
비변사는 이렇게 소를 올렸다.

"임금의 정치는 먼저 백성의 수를 파악하는 데에 있습니다.
지금 백성들이 흩어져 나라가 공허한 상황입니다. 쌀을 바치
는 사람에게 호패를 지급하고, 호패가 없는 사람은 기찰하고
단속하소서."[5]

임진왜란이 막바지에 이른 그때, 7년에 걸친 전쟁으로 국토
가 황폐해지고 백성은 뿔뿔이 흩어졌다. 국가의 조세 수입도 급
감했다. 복구 사업을 하고 싶어도 부역으로 동원할 백성이 없었
다. 비변사의 주장은 호패법을 실시하여 인력과 세원을 확보하자

는 것이다. 백성의 상황은 고려하지 않은 국가 편의주의적인 발상이라고 할 수 있다. 그 때문에 이 주장은 다음과 같은 비판을 받는다.

"백성을 온전하게 해 주고 편안하게 해 주었다면 그들이 어찌 고향을 등지고 다른 곳으로 떠났겠는가! 상란(喪亂)[6]이 일어난 이래 국가는 백성을 하찮게 여겼고 백성에게 포악하기를 표범이나 승냥이처럼 하였다. 게다가 교활한 아전들은 더욱 탐오(貪汚)하고 잔혹하게 굴었으니, 백성들이 어떻게 생명을 보전하고 편안히 살 수 있겠는가. 나라의 근본이 흔들리고 나라의 형세가 위태로워진 것이 이 때문인데 이 법을 설치한다고 어떻게 흩어진 백성들을 다시 모을 수 있겠는가!"[7]

그렇게 호패법은 또 다시 폐기될 수밖에 없었다. 호패법이 다시 논의된 것은 인조가 즉위하면서였다.

"이 일은 국가의 입장에서는 편리하겠지만 백성에게는 불편할 것이다. 백성이 나라로부터 실질적인 혜택을 입지 못하고 있는 상황에서 그들을 얽어매려 든다면 어찌 원망하는 소리가 나오지 않겠는가?"[8]

인조는 이렇게 백성들의 원망을 걱정했지만, 조정은 호패법

도입을 밀어붙였다. 그 이유는 첫째, 임진왜란 이후 아직 마무리하지 못한 전후 복구 사업을 위해 백성의 노동력이 필요했다. 둘째, 반정과 역모 등 정치적 혼란으로 촉발된 민심의 동요를 수습해야 했다. 셋째, 친명배금(親明排金)[9]을 명분으로 집권한 정권으로서, 후금의 침략에 대비하기 위해 군사력을 강화할 필요가 있었다. 넷째, 백성의 과도한 신역 부담도 덜어 주어야 한다. 즉 호패법을 통해 그동안 누락되었던 신역과 조세 대상자를 샅샅이 찾아내겠다는 것이다.

당시에 호패법 도입에 찬성한 대표적인 인물은 장유(張維, 1587~1638)[10]였다. 그는 민생 안정과 국가 재정 확보라는 두 마리 토끼를 모두 잡기 위해서는 고을별로 호구를 정확히 파악해야 한다고 주장했다. 장유는 "현재 당면한 일 가운데 호패법의 시행보다 더 중대한 사안은 없다."라며 호패법은 세수(稅收)파악, 군적(軍籍) 결원 충원, 신역(身役) 관리 뿐 아니라, "도망치거나 죽은 자로 인한 결손을 보충하여 그 족속이나 이웃에게 끼치는 폐단을 제거하는"[11] 효과가 있다고 보았다.[12]

이에 대해 앞에서 소개한 바 있는 조익은 호패법 시행에 반대했다. 그도 호패법의 장점에는 공감한다. 그러나 호패법은 법적 성질 자체가 백성이 다른 지역으로 이사를 가지 못하도록 통제하는 것이다. 오늘날은 다양한 이유에서 거주지를 이전하곤 하지만, 전통 사회에서는 웬만하면 살던 곳을 떠나지 않았다. 백성이 고향을 버리는 것은 그곳에서 더 이상 삶을 영위할 수 없기 때문에 최후의 수단으로 선택하는 것이다. 조익은 국가가 호패법을 가지고 이를 막을 자격이 없다고 주장했다. 더욱이 호패를 검사하고 단속하는 일이 백성을 불편하게 만들며, 위반자에게 큰 죄를 묻는 것은 백성을 고통스럽게 한다고 생각했다. 조익은 제도란 백성의 삶을 위주로 해야 하는 것으로, 백성의 삶을 보듬어 주지 못하는 현재의 호패법은 백성을 구제하기 위한 법이 아니라, 단순히 군역의 결손을 채우기 위한 법일 뿐이라고 단언했다.[13]

결국 호패법은 논란 끝에 중지되었다.[14] 조익의 지적과 같은 이유에서였다. 인조는 호패법을 폐지하겠다고 선언하며 다음과 같이 말한다.

> "호패법은 백성을 괴롭히려는 것이 아니었다. 그렇지만 수많은 백성들을 강제로 묶어 놓았다. 구속하기를 지나치게 엄정하게 하고 독촉하기를 너무 치밀하게 하여 뭇사람들의 분노를 사게 되었다."[15]

정책의 출발점은 백성

이상 호패법의 사례는 정책이 대상자 혹은 수요자의 니즈에 부합해야 하고, 대상자의 고충(hassle)을 해결하는 데서부터 출발해야 한다는 것을 보여 준다. 공급자 혹은 집행자의 관점에서 아무리 편리하고 효과적인 수단이더라도 대상자가 반발한다면 결코 성과를 낼 수가 없다. 그렇다고 호패법이 무의미하다는 것은 아니다. 앞서 설명했다시피 호패법은 국가 자원을 효율적으로 운영할 수 있게 해 준다. 이를 통해 백성의 부담도 함께 줄여 주는 선순환 구조를 확립할 수 있을 것이다. 다만 백성이 불편하게 여기는 부분은 개정했어야 했다. 호패법을 추진했다가 이내 중단하게 되는 이유는 하나같이 '백성의 불만'이었고, 그 불만은 무엇보다 거주 이전을 막은 데에 있었다. 백성의 현실을 고려해 주지 않은 것이다.

만약 호패법을 시행하면서 이 부분을 해결해 주었다면 어땠을까? 어쩔 수 없이 기존의 거주지를 떠날 수밖에 없는 백성에게 융통성을 발휘했다면, 신고 의무를 엄격히 하는 대신 전출입이 가능하도록 했다면, 호패법에 대한 백성의 불만 역시 줄어들지 않았을까? 물론 조선이라는 사회에서 백성의 거주 이전을 금지한 데에는 그만한 이유가 있었을 것이고, 이를 풀어 주려면 더욱 면밀한 고려가 뒤따라야 할 것이다. 하지만 조선은 백성의 불만에 따라 호패법을 중지하기만 했을 뿐, 그 불만을 해결하기 위한 방안은 모색하지 않았다는 점에서 아쉬움을 남긴다. 그렇기 때문에 시행과 중단을 계속 반복하기만 한 것이다.

범주가 다르지만 이는 현대의 기업에서도 유념해야 할 문제다. 경영진에게 편리하다고 하여 구성원들이 싫어하는 조직 관리 시스템을 도입해서는 안 된다. 시스템의 장점과 구성원들의 요구 속에서 접점을 찾아야 비로소 성과를 낼 수가 있다. 고객에 대해서도 마찬가지다. 공급자가 편리한 상품을 내놓지 말고 고객이 좋아할 상품을 내놓아야 한다. 고객의 요구에 대응하지 못하면 기업은 결코 고객으로부터 원하는 결과를 얻어 낼 수 없을 것이다.

note 13
서원 철폐

"서원을 중첩해 세우거나 사사로이 세우는 것을 금지하는 까닭은 선현을 욕되게 하고 외람된 폐단이 있을까 염려해서이다. 근래에 법을 무시하고 서원을 세우는 일이 더욱 심해졌다. 할 일 없는 자들이 그곳에 기대고 잡된 무리가 그곳을 빙자하여 백성과 고을에 끼치는 해악이 한두 가지가 아니다."

1864년(고종 1년) 7월 27일 수렴청정 중인 대왕대비가 내린 하교다. 실질적인 섭정은 흥선 대원군(興宣大院君, 1820~1898)이었기 때문에 대원군의 뜻으로 이해하면 된다. 서원이 설립 정신을 망각하고 타락하여 백성에게 큰 피해를 주고 있다는 것이다.

본래 서원은 앞 세대의 훌륭한 유학자를 기리고 학문을 연구하며 인재를 양성하기 위해 만들어졌다. 우리나라에서는 1543년(중종 38년)에 주세붕이 주자의 백록동 서원을 본받아 백운동 서원을 창립한 것이 시초다. 백운동 서원은 최초의 서원이자 사액 서원(賜額書院)[1]으로 1550년(명종 5년)에 소수 서원(紹修書院)이라는 이름을 하사받았다. 이후 전국 각지에 수많은 서원이 세워졌는데, 300년 동안 600여 개소에 이르렀다.[2] 서원은 초창기만 해도 강학(講學)과 수련의 공간으로 쓰였다. 서원의 체제와 교육 과정을 정형화한 퇴계 이황은 서원에 들어온 유생들의 책임감과 절제, 부단한 노력을 강조했다. 나라를 잘 다스리고 백성을 교화하기 위해서는 먼저 사림(士林)이 건강해야 하는데, 서원이 그 전진 기지가 되어야 한다고 본 것이다.

하지만 시간이 흐르면서 서원은 차츰 변질되어 갔다. 기본적으로 서원에는 존경받는 유학자의 위패가 봉안(奉安)된다. 제사를 지내며 그의 정신을 배우고 계승한다는 취지다. 그런데 이 봉안이 학문적 권위를 의미하게 되면서 서원은 세력 대결의 장으로 변모했다. 서원에 누구를 모실 것인지, 얼마나 많은 서원에 봉안할 것인지, 국가에서 사액을 받았는지 아닌지를 두고 경쟁한 것이다.

이러한 경향은 붕당과 맞물리면서 더욱 심화된다. 조선의 붕당 형성에는 학연이 중요한 비중을 차지하는데, 서원이 그 학연을 매개하는 공간이었기 때문이다. 그뿐 아니라 상대당의 것은 억제하고 자당(自黨)의 것은 장려하면서 서원이 우후죽순으로 생겨났다. 같은 붕당의 서원을 늘리기 위해 위패를 봉안하는 원칙도 훼손했다. 덕망이 높고 학문적 업적을 세운 유학자가 아니라 고위 관료, 당쟁에 희생된 인물을 봉안한 서원이 만들어졌다. 고을을 잘 다스린 수령, 자손이 귀하게 된 사람을 봉안한 서원도 생겨났다. 조선 후기 서원의 대표적인 문제점으로 지적되는 '남설(濫設)'[3]과 '첩설(疊設)',[4] 사액의 남발은 여기에서 기인한 것이다.

서원의 증가가 가져온 폐단

이와 같은 서원의 증가는 사회적으로도 부작용을 낳았는데, 우선 양역 면제자가 크게 늘어났다. 원생을 비롯하여 서원에서 일하는 사람들인 원속(院屬)은 양역의 의무에서 제외되었기 때문이다. 당시 조선은 백성의 양역 부담이 과중한 상태였는데, 서원이 이를 부채질한 것이다.

또한 서원의 증가는 국가 재정의 악화로 이어졌다. 나라에서 서원에 사액하면 토지 3결에 대한 면세권을 준다.[5] 서원의 운영과 유지 보수 비용을 지원하고 서적도 하사했다. 서원이 늘어나는 만큼 나라의 지출도 늘어날 수밖에 없는 구조였다. 서원 자체의 병폐도 심각했는데, 사액 서원이 아니면서도 서원의 운영비를 관아에서 갹출했다. 서원촌(書院村)을 만들어 토지를 무단으로 점거했으며, 고을의 풍습을 바로잡는다는 구실로 백성들에게 사적 제재를 가하기도 했다. 이에 조정에서는 서원을 방치할 수 없다고 판단한다. 원래 서원은 사설 기관이기 때문에 제반 사무는 자율에 맡겨 왔다. 인재 양성과 학문 진흥의 차원에서 격려하고 지원할 뿐, 국가는 서원의 일에 간섭하지 않았다. 하지만 더 이상은 두고 볼 수 없는 지경에 이른 것이다.

처음 서원에 대한 단속은 무분별한 건립 행위를 통제하고, 국가의 재정 낭비를 줄이는 데 초점이 맞추어졌다. 숙종은 나라에 신고하지 않고 사사로이 서원을 세우지 못하게 했다. 첩설을 단속하고 첩설한 서원에 대해서는 사액을 금지했다. 뒤이어 보위에 오른 경종은 서원에 대한 지방관아의 보조를 금지했으며 서원에 딸린 원속 제도를 폐지했다. 영조는 이보다 강경한 태도를 취했다. 숙종의 금지 조치 이후 건립된 서원을 모두 헐어 버렸다.[6] 신하들이 주자의 위패를 모신 서원은 그대로 두어야 한다고 주장하자 이를 꾸짖기도 했다.

"이 서원을 건립한 것이 어찌 높이고 사모하는 정성스러운 마음에서 나온 것이겠는가? 그것을 빙자하여 사사로운 이익을 이루려는 것에 불과하니 도리어 선현을 모욕하는 것이다."[7]

이상의 조치는 서원의 남설과 첩설을 진정시키는 효과를 가져왔다. 그러나 상황이 나빠지는 것을 막았을 뿐 근본적인 해결책이 된 것은 아니다. 특히 설립을 규제하고 재정 손실을 방지하는 데에 중점을 두면서 서원이 양산하는 사회적 폐단까지 해소하지는 못했다. 더욱이 나라에서 서원에 대한 지원을 줄이면서 서원은 백성들을 더욱 괴롭히기 시작했다. 부족한 재정을 충당하기 위해 백성에게 비용을 부과했고, 백성의 재산을 갈취하는 일이 비일비재했다. 반항하는 사람들에게는 묵패(墨牌)[8]를 발행하여 형벌을 가했다. 이는 공적인 법질서까지 훼손한 것으로, 서원이 주는 폐해가 오히려 심해졌다고 볼 수 있다. 문제가 생겨난 본질을 이해하지 못한 채 현상만 개선하려 한 데에다 방향까지 잘못 설정함으로써 사태를 악화시킨 것이다.

철폐만이 정답인가?

따라서 고종 대의 집권자인 흥선 대원군은 다른 방식을 시도했다. 그는 간접적인 규제만으로는 사태를 해결할 수 없다고 판단하고, 아예 서원을 철폐함으로써 문제의 근본 원인을 제거하고자 했다. 대원군은 47개의 서원만 남기고 수백여 개의 서원을 모두 정리했다.[9] 대원군이 서원의 문을 닫아 버린 이유는 복합적이다. 첫째, 서원의 재산을 환수하여 국가 재정을 확충하며, 둘째, 임금이 직접 서원을 통제함으로써 지방 세력을 견제하고 실추된 왕권을 강화하려는 목적이었다. 셋째, 서원이 불법을 자행하고 공권력을 침해하는 상황을 단속할 필요가 있었다. 마지막으로, 서원에 대한 백성들의 불만이 임계점에 이른 것도 중요한 원인이었다. 대원군은 이 중에서 마지막 이유를 전면에 내세웠다. 명분 싸움에서 승리하기 위해서다. 서원 철폐는 유학을 진흥해야 하는 국가 이념에 어긋난다는 반발에 대해, 백성이 우선이라는 논리로 대응한 것이다. 백성을 위해야 한다는 '위민(爲民)'은 유학의 대전제로서, 백성에게 피해를 준다는 공격 앞에서 서원들의 저항은 힘을 잃을 수밖에 없었다.

흥선 대원군이 단계적으로 일을 진행한 점도 평가할 만하다. 대원군은 섭정에 오르자마자 대왕대비의 전교를 빌려 전국의 서원 현황을 조사하게 했다.[10] 그러면서 서원의 실태와 그에 따른 문제점을 공론화한다. 이를 바탕으로 우선 첩설한 서원과 사사롭게 건립한 서원을 철폐하라는 지시를 내렸다.[11] 이어 1865년(고종 2년)에는 만동묘(萬東廟)를 폐지했다.[12] 송시열의 유언으로 세워진 만동묘는 명나라 황제인 신종과 의종의 제사를 지내는 사당이다. 대원군은 대보단(大報壇)[13]을 통해 이미 국가 차원에서 제사를 지내고 있다며, 사적인 제사는 필요치 않다고 하였다. 다음으로 3년 후인 1868년(고종 5년)에는 사액을 받지 않은 서원을 폐쇄했고, 마침내 1871년(고종 8년)에는 전면적인 철폐를 단행한다.

이처럼 대원군이 8년에 걸쳐 점진적으로 일을 추진한 것은 시행 과정에서의 부작용을 최소화하기 위해서다. 개혁에는 빠른 속도가 필요한 경우도 있지만, 사안이 조직의 정체성과 직결되거나 많은 이해관계가 걸려 있다면, 즉각적인 조치는 혼란과 반발을 가져올 수 있다. 그리되면 개혁은 좌초하고 만다. 이런 상황에서는 낮은 단계에서 높은 단계로, 쉬운 일에서 어려운 일로 강도를 차츰 높여 갈 필요가 있다. 여론을 수렴하여 명분을 확립하고, 지지를 넓히며 반발을 억제할 충분한 시간이 요구된다. 대원군은 바로 이러한 과정을 밟았기 때문에, 서원 철폐 작업을 성공시킬 수 있었던 것이다.

그러나 대원군의 방식에는 중대한 한계가 있었다. 대원군은 여러 폐단을 일으키고 있는 서원을 악으로 규정하고 서원 자체의 문을 닫아 버렸다. 이는 단호한 듯하지만, 사실은 나태한 방식이다. 서원의 장점마저 없애 버렸을 뿐 아니라, 서원이 근본정신을 잃고 폐단을 일으키게 된 원인이 무엇인지를 따져 보지 않았다. 그에 대한 반성이 없다면 비슷한 문제가 일어났을 때, 없애고 또 없애는 것만으로 해결책을 삼게 된다.

더구나 서원은 오랜 시간 존재해 오면서 교육, 정치, 지방 행정, 지역 문화 등과 유기적으로 연결되어 있었다. 서원만 따로 떼어 리셋(reset)하면 서원으로 인한 문제는 해결할 수 있을지 모르나, 서원과 관련된 다른 분야에 혼란을 가져오게 된다. 실제로 서원이 사라지자 당장 지방 교육의 부실이 문제가 되었다. 성균관과 지방 향교 등 국공립 기관으로는 한계가 있었던 것이다. 대한 제국이 세워지고 전 국민에 대한 근대화 교육이 요청되면서 서원의 부활을 논의하는 목소리가 활발해졌던 것도 그래서이다. 서원을 지방 교육의 거점 공간으로 재활용하자는 것이었다. 하지만 실행에 옮기지는 못했는데 이미 서원의 교육 인프라가 크게 훼손되었기 때문이다.

만약 위정자들이 서원이 일으키고 있는 문제점을 해결함과 동시에 서원의 긍정적인 측면을 살리고자 노력했다면 어땠을까? 서원이 본래의 정신을 잘 구현할 수 있도록, 교육 기구이자 수련의 도장으로 제대로 작동하도록 하는 데에 방향을 맞추었다면 어땠을까? 단점을 압도할 정도로 강점을 강화시켜 변화를 이끌어 냈다면, 서원은 아마도 새롭게 혁신할 수 있었을 것이다.

3부

사람을 경영하다

note 14
세종의 인재 경영

"이 세상 어느 임금이 훌륭한 인재를 찾아 등용해 쓰고 싶어 하지 않겠는가? 그런데 그러지 못하는 경우가 세 가지 있다. 첫째는 임금에게 인재를 알아보는 눈이 없는 것이다. 둘째는 임금이 인재를 절실하게 구하지 않는 것이다. 셋째는 임금과 인재의 뜻이 합치되지 않는 것이다. …… 인재는 처음부터 정해진 것이 아니라 임금이 어떻게 정치를 하고 어떻게 이끌어 가느냐에 달려 있다."[1]

무릇 경영(經營)[2]을 행하는 모든 조직은 인재를 중시한다. 리더가 아무리 뛰어나더라도 혼자서 모든 업무를 처리할 수는 없기 때문이다. 전문성을 가지고 직접 경영을 담당하거나 경영을 도울 수 있는 인력이 필요한 것이다. '어떤 수준'의 인재를 '얼마나 많이' 확보하느냐, 그리고 그 인재가 '얼마만큼' 능력을 발휘하느냐가 조직의 운명을 결정한다.

이러한 인식은 전통 사회라고 해서 다르지 않았다. 유학에서도 인재를 국가 경영의 핵심 요소로 상정한다. 공자의 말과 『대학』의 가르침이 이를 잘 보여 준다.

> "정치는 인재를 얻는데 달려 있으니 현명한 사람을 등용하지 않았는데 정치를 잘할 수 있는 사람은 없다."[3]
> "어진 이를 보고도 등용하지 못하고 등용하더라도 먼저 하지 못하는 것은 태만함이요, 착하지 않은 자를 보고도 물리치지 못하고 물리치더라도 멀리하지 못하는 것은 잘못이다."[4]

그러나 머리로는 알고 있어도 행동에 옮기기는 어려운 법이다. 조선왕조실록을 보면 인재의 중요성을 강조하는 기사가 1000여 건에 이르지만, 그 모든 시대가 인재를 잘 운용한 것은 아니다. 인재가 발견되지 못한 채 사장되는 일이 비일비재했고 설사 등용되더라도 제 능력을 발휘하지 못한 사례가 부지기수였다. 심지어 정쟁에 휩싸여 비참하게 죽음을 맞이한 인재도 많았다. "자고로 묻혀 지낸 사람이 한둘이었겠소?"라는 『허생전』의 유명한 대사처럼 말이다.

그러나 세종의 시대는 달랐다.

"정치를 하는 데 있어서 인재를 얻는 것이 가장 급선무니, 직무에 적임자인 관원을 선발한다면 모든 일이 다 잘 다스려진다."[5]

나라에서 어떤 사업을 추진하려면 재원이 준비되어야 하고 관련 규정과 시스템이 갖춰져야겠지만 무엇보다 그 일을 훌륭히 기획하고, 진행하고, 실현할 사람이 필요하다. 문제는 그러한 인재가 누구고, 또 그러한 인재는 어디에서 찾을 수 있는가 하는 것이다. 세종은 "인재는 언제나 있었지만 몰라서 쓰지 못하는 것이다."라고 말한다.[6] 일찍이 공자는 "열 집이 사는 작은 고을에도 반드시 충직하고 신의가 있는 자가 있다."[7]라고 하였는데, 세종은 이말을 인용하며 "나라 안에 어찌 사람이 없음을 걱정할 것인가. 다만 구하기를 정성껏 하지 못하고, 천거하기를 조심하지 않았는지 각별하게 유념해야 한다."라고 하였다.[8] 인재가 없다고 불평하기 전에 과연 좋은 인재를 찾고자 진심으로 정성을 다했는지부터 돌아보라는 것이다.

어떻게 좋은 인재를 찾을 것인가?
하지만 임금이 아무리 온 힘을 다해 인재를 찾는다고 해도 그것은 여전히 만만치 않은 작업이다. 세종의 말처럼 전국 곳곳에

숨어 있는 인재를 빠짐없이 파악할 재간도 없다.

"여러 사람의 어질고 어질지 못한 점을 임금 혼자서 능히 알고 정밀하게 살피기란 불가능한 일이다."[9]

그러므로 인재를 등용할 수 있는 시스템을 마련하고 인사를 담당하는 부서를 설치하는 것이다. 과거 시험이 시스템이라면 전조(銓曹)[10]는 인사를 담당하는 부서에 해당한다.

그런데 여전히 부족한 점이 많다. 우선 과거는 인재를 찾아가는 것이 아니라 인재가 직접 찾아와야 하는 방식이다. 인재가 과거에 응시하지 않으면 그를 등용할 방법이 없다. 게다가 과거 시험이 과연 그 사람의 자질과 능력을 제대로 측정할 수 있는지에 대해서도 의문이 있다. 오랜 기간 심층적으로 평가하는 것도 아니고 그저 단 하루에 치르는 시험 성적을 가지고 그 사람이 인재라고 단정할 수는 없는 것이다. 또한 평균적으로 우수한 사람을 뽑느라 특정 부문에서 탁월한 사람을 놓치게 되는 문제도 있다.

이러한 단점을 보완하기 위해 세종은 인재를 추천하는 천거(薦擧) 방식을 적극적으로 활용했다. 중종 때 조광조가 제안한 현량과(賢良科)나 재야의 선비 중 뛰어난 이를 추천받아 등용하는 유일(遺佚)과 같이, 천거 제도는 조선 시대 내내 존재해 왔다. 그러나 대부분 일시적이거나 특례로 운영되면서 큰 효과를 보지 못했다. 이에 비해 세종은 천거를 제도화하고 정례화하여 꾸준히 시행한다. 세종의 말을 보자.

"우리나라는 과거로써만 선비를 선발할 뿐, 덕행(德行)이 있는 사람을 천거하는 법이 마련되어 있지 않다. 그로 인해 선비의 기풍이 경박해지고 경쟁이 깊어졌으며 순수하여 겸양하는 도리는 거의 사라져 버렸다. 이런 것이 나라의 풍습이 되도록 조장해서야 되겠는가? 몸가짐이 발라서 절개와 지조, 염치가 있는 자, 마음에 의기(義氣)를 품고 있어 지극한 간언을 올릴 수 있는 자, 선비로서 그 행실이 고을 안에 알려진 자, 사람들로부터 재능과 기예가 있다고 인정받는 자를 서울에서는 한성부가, 각 지방에서는 감사와 수령이 항상 찾아서 직위와 신분을 가리지 말고,[11] 수효가 많고 적은 것도 구애받지 말고 모두 나라에 신고하라. 그런 사람이 없는데도 억지로 천거할 수는 없겠지만 만약 있다면 기필코 천거하라. 해당 관청에 맡겨 살피게 한 후 등용할 것이다."[12]

나라에서 인재를 파악하고 등용할 수 있도록 괜찮은 사람이 있다면 남김없이 천거하라는 것이다. 이러한 천거는 이미 관리가 된 사람을 대상으로도 시행됐다. 인사 담당 부처가 있지만 10명 남짓한 구성원[13]으로는 모든 관리의 능력과 특성을 파악하여 적재적소에 배치하기 힘들다. 관행과 인사 고과, 서열 등에 따라 관직을 제수하고 순환시킬 뿐, 그가 적임자인지 아닌지를 일일이 살피기 어렵다. 세종은 이를 보완하고자 천거 제도를 활용한 것이다.

"전직이나 현직을 가릴 것 없이 6품 이상의 문관과 4품 이상의 무관에게 지모(智謀)와 용력이 뛰어나 가히 변방을 지킬 만한 사람, 공정하고 총명하여 수령의 임무를 맡을 수 있는 사람, 사무에 능숙하고 두뇌가 명석하여 극히 번거로운 자리도 감당할 수 있는 사람 각각 세 명을 천거하여 임용하게 하라. 누가 합당한지 모르겠다면 과목마다 아는 대로 쓸 만한 사람 세 명을 천거하게 하라. 만약 사사로운 정에 얽매여 잘못 천거하거나, 천거한 사람이 재물을 탐하고 정치를 어지럽혀 그 피해가 백성에게 미친다면, 추천한 사람을 엄히 단죄할 것이다."[14]

6품 이상의 문관과 4품 이상의 무관, 그것도 전직까지 모두 추천인으로 삼는다는 것은 가능한 한 빠트리는 인재 없이, 최대한 많은 인재 풀을 확보하겠다는 의도다. 물론 중복 추천이 나오기도 하겠지만 이는 그만큼 그 인재가 뛰어나다는 근거가 될 것이다. 학문이나 작문 실력이 아닌 실무 능력을 기준으로 제시하고, 추천인에게 책임을 묻는 부분도 중요하다. 국정에 곧바로 투입하여 실질적 성과를 낼 수 있는 검증된 인재를 찾겠다는 것이다. 이러한 천거는 삼과천거(三科薦擧)라는 이름으로 정례화되었는데,[15] 세종은 추천인에게 추천 대상자의 능력과 특기, 실적까지 기록하여

제출하게 함으로써 공정성을 높였다.[16]

집현전에서의 핵심 인재 육성

이와 함께 세종은 다음 세대를 이끌어갈 핵심 인재를 발굴하고 육성하는 작업에도 심혈을 기울인다. 먼저 세종은 유명무실했던 집현전을 키워 "젊은 문관 가운데 재주와 행실이 훌륭한 자를 배치하여 경전과 역사를 강론하게 하고 임금의 자문에 대비하게 하였다."[17] 경전과 역사를 공부하고 토론하게 했다는 것은 단순히 학문 연마에 그치지 않는다. 유교 국가에서는 주경익사(主經翼史)[18]라고 하여 경전학과 역사학을 통치의 바탕으로 삼는다. 유학 경전과 역사서가 국가 비전과 국정 철학을 비롯한 모든 정책의 이론적 근거가 된다. 즉 집현전의 젊은 인재들에게 국가 경영을 위한 기본 소양을 키워 준 것이다.

임금의 자문에 대비하게 했다는 것은 다양한 미션을 부여했다는 의미다. 세종은 집현전 학사들을 팀으로 구성하여 분야별 정책 기획과 사례 연구, 검증을 맡겼다.[19] 공법 개혁이나 자체 역법(曆法) 개발과 같은 핵심 사업부터 여름날 옥에 갇힌 죄수들이 더위를 먹지 않게 하는 방법을 찾는 일까지 다양한 임무를 집현전에 맡겼다. 임금의 관심사에 대한 자료 조사, 『향약집성방(鄕藥集成方)』, 『자치통감훈의(資治通鑑訓義)』 등 전문 서적 편찬과 제도 정비 작업도 담당하게 한다. 이 과정에서 세종은 집현전 학사들이 스스로 아이디어를 도출하고 동료와 생산적인 토론을 통해 함께 문제를 해결해 가도록 지원했으며, 재상급 대신이 '촉진자(transfer agent)'가 되어 이를 지도하게 했다. '액션 러닝(action learning)'의 모범적 사례를 보여 주었다고 평가할 수 있다.

세종은 집현전을 매우 꼼꼼하게 챙겼는데, 집현전 관원들이 도출한 성과를 점검하는 일뿐 아니라 그들의 출결 상황과 매월 시행하는 평가 시험의 결과까지 직접 확인했다.[20] 수시로 학사들과 국정을 토론했으며 윤대(輪對)[21]할 수 있는 기회도 자주 부여했다. 심지어 "직무로 인하여 밤낮으로 독서에 전념할 겨를이 없을 것"이라며 아예 출근하지 말고 집에서 책을 읽으라는 명을 내리기도 한다.[22] 이는 집현전의 젊은 인재를 국가의 중추로 키워 내기 위한 것이며, 동시에 누가 정말 훌륭한 인재인지를 가려내기 위한 것이다. 일반적으로 임금은 고위급 대신이나 승지를 제외한다면 신하와 대면하는 기회가 적다. 관직이 낮고 나이가 젊은 신하는 더 말할 나위가 없다. 따라서 누가 차세대의 재상감인지, 누구에게 중요한 임무를 맡길 만한지 확인하기가 어렵다. 세종은 집현전을 통해 이러한 문제를 해소한 것이다. 젊은 인재와 대면하여 그의 재능과 식견, 인품을 시험할 수 있게 되었기 때문이다. 신하 입장에서도 임금의 인정을 받고 임금의 비전을 이해하며, 자신의 역량을 높일 수 있다는 점에서 소중한 기회였다.

아울러 세종은 이렇게 발굴한 인재를 전문적으로 훈련시켰다. 정인지의 학술을 높이 평가한 세종은 그에게 각종 편찬과 저술 작업을 책임지게 했으며, 외국어 실력과 외교적 안목이 뛰어난 신숙주는 일본에 서장관(書狀官)으로 파견하고 함길도에 종사관으로 보내 경험을 쌓게 했다. 집현전 출신은 아니지만 김종서의 사례 또한 주목할 만하다. 김종서는 이조 정랑, 좌대언[23] 등을 거치며 세종의 남다른 총애를 받았다. 그런데 1433년(세종 15년) 12월, 세종은 돌연 김종서를 함길도 관찰사로 발령했다.[24] 이어 함길도의 군대를 총괄하는 도절제사(都節制使)로 옮겨 국경 방어를 총괄하게 한다. 물론 중요한 업무이고 조선 시대에는 문신이 군권을 갖는 경우가 대부분이지만 그래도 임금의 최측근을 하루아침에 척박한 변방으로 보낸 것은 매우 드문 일이었다.[25] 훗날 이룩한 성과를 가지고 보자면, 세종은 김종서가 국경을 어지럽히는 여진족을 단속하고 북방 개척을 통해 영토 확장을 이뤄낼 최적임자라고 판단했던 것 같다.

이후 김종서는 1440년 형조 판서에 임명되어 돌아올 때[26]까지 무려 7년 동안이나 북방을 지켰다. 세종은 김종서가 중앙으로 복귀한 후에도 계속 안보 문제를 맡겼는데, "앞으로도 함길도의 일과 방어하는 등의 일에 대해서는 반드시 형조 판서 김종서와 같이 의논하라."[27]라고 지시했고, 1449년에도 김종서를 우찬성 겸 판병조사(判兵曹事)[28]로 임명하며 "함길도 변경의 일과 왜인, 야인을 접대하는 일은 우찬성 김종서와 더불어 의논해 시행하라."라고 명령했다.[29] 같은 해에 몽골의 타타르족 야선(也先)이 요동에 침입하여 국경에 위협이 닥치자 지략이 높고 경험이 많은 대신이 필요하다는 요청에 따라 김종서가 평안도 도절제사가 되어 다시 최전선으로 나아가기도 했다. 김종서의 활약은 세종 사후에도 계속됐는데, 이는 세종이 그를 안보 분야의 책임자이자 최고 전문가로 키웠기 때문에 가능했다.

이처럼 세종은 인재 경영에 최선을 다했다. 나라의 현재뿐 아니라 미래를 지켜 내기 위해서는 좋은 인재를 발굴하여 적재적소에 배치하고, 이들이 마음껏 능력을 발휘하도록 해 주는 것이 무엇보다 중요하다고 생각했다. 한데 인재가 자신의 역량을 남김없이 펼칠 수 있으려면 그에게 적절한 벼슬과 예우를 해 주는 것도 필요하지만, 무엇보다 그의 신념과 뜻이 꺾이지 않도록 해야 한다. 자기 생각을 자유롭게 개진할 수 있어야 하며 왕은 항상 그 의견을 경청하고 수용해 주어야 한다. 설령 왕에 대한 날 선 비난이라 할지라도 말이다. 다음의 사례를 보자.

훗날 사육신의 일원이 되는 하위지는 과거 시험에서 세종의 정치를 신랄하게 비판했다. 당시 시험 책임자였던 영의정 황희는 하위지를 높은 순위로 합격시켰는데, 이를 두고 왕을 모욕했다며 하위지뿐 아니라 황희까지 처벌해야 한다는 상소가 빗발쳤다. 그러자 세종이 진노했다.

"과거를 실시하여 대책(對策)을 묻는 것은 장차 바른말을 숨기지 않는 인재를 구하기 위해서다. 설령 내가 노여워하며 하위지에게 죄주려고 해도 그대들이 나서서 보호해야 마땅하거늘 도리어 하위지를 탄핵하다니 이 어찌 된 일인가? 앞으로 내게 직언할 자들의 길을 막고 나아가 과거를 관장한 대신까지 공격하여 국가에서 선비를 선발하는 공명한 정신까지 모욕하는구나. 참으로 통탄할 일이 아닌가?"[30]

오늘날의 사례에 빗대어 보자면 이는 취업 면접에서 해당 기업의 총수를 강하게 비판한 것이나 다름없다. 과연 이 사람이 면접에서 합격할 수 있을까? 그것도 총수가 면접의 내용을 직접 확인하는데 말이다. 그런데 세종은 임금인 자신을 비난하고 정반대의 의견을 내더라도 기꺼이 존중하고 경청하겠다는 의지를 보여주었다. 그럼으로써 인재 스스로 출사(出仕)하고 싶은 마음이 생기게끔 만든 것이다. 임금의 눈치를 볼 필요 없이 소신껏 일할 수 있을 테니 말이다.

게다가 세종은 자신에게 무례한 신하도 용서했다. 한번은 회의 중에 세종과 의견 충돌을 빚은 형조 참판 고약해(高若海)가 "정말 유감입니다. 전하께서 제대로 살피지 못하시니 어찌 신이 조정에서 벼슬을 하겠습니까? …… 지금 제 말을 받아들여 주지 않으실 뿐 아니라 도리어 신이 잘못되었다고 하시니 참으로 실망이옵니다."라며 자리를 박차고 나가 버린 적이 있었다. 지금의 관점에서 봐도 크게 예의에서 벗어난 행동이다. 하물며 왕 앞에서 이러한 행동을 했다는 것은 처벌을 받아도 할 말이 없는 상황이다. 세종조차도 그 순간은 매우 언짢아하는 모습을 보인다. 하지만 이내 한발 물러섰다.

"내가 고약해의 무례함을 벌주려고 한다면 사람들이 내 뜻을 오해하여 과인이 신하가 간언하는 것을 싫어한다고 할까 염려가 된다."[31]

훈민정음 창제를 강하게 비난한 최만리를 옥에 가두었다가 바로 다음 날 석방하고 관직에 그대로 둔 것도 같은 맥락이다.[32] 어떤 행동을 하고, 어떤 말을 해도 좋으니 그저 자신의 소임에 최선을 다하기만 하라는 것이다.

충성스러운 반대자들

이렇게 자유로운 반론을 허용함으로써 인재의 신념을 지켜주었던 세종의 태도는 조정의 주요 직위를 '반대자'로 채우는 것으로 이어진다. 이는 세종의 인사 운영이 갖는 대표적인 특징[33]으로, 특히 임금과 함께 국정을 책임지는 삼정승은 대부분 세종에 반대했거나 세종에게 서슴없이 반대 의견을 낼 수 있는 사람들로 구성했다.

예컨대 세종의 재위 초기 좌의정을 지낸 박은(朴訔)은 세종의 장인 심온이 사약을 받는 데 결정적인 역할을 했다.[34] 이는 물론 태종의 뜻을 이행한 것이었지만, 세종에게는 아내의 원수나 다름없는 인물이었다. 하지만 세종은 집현전을 설립하면서 박은을 정

1품 총책임자인 영전사(領殿事)에 임명했다.[35] 개인적 감정은 접어 두고 누가 가장 적임자인지만을 생각했기 때문이다.

세종 시대를 대표하는 명재상 황희(黃喜)도 마찬가지다. 황희는 세종의 밑에서 19년이나 영의정을 역임했지만 본래 '임금의 원수'로 불릴 정도로 세종의 정적이었다.[36] 영의정이 된 후에도 세종이 시행하려는 정책들에 자주 제동을 걸었는데 실록에 따르면 "홀로 반박하는 의논을 올렸고 (세종이) 비록 다 따르지 않았으나 중지시켜 막은 바가 많다."[37]라고 한다.

신개(申槩)의 사례도 살펴볼만 하다. 그는 1431년에 세종이 태종의 실록을 읽어보겠다고 하고 1438년에 또다시 실록을 열람하겠다고 시도할 때마다 임금은 실록을 볼 수 없다며 강력히 반대해 무산시켰다. 임금이 역사 기록에 개입할 수 있는 상황을 원천적으로 차단해야 한다는 것이다. 세종으로서는 자신의 지시에 계속 반기를 드는 신개가 못마땅했음 직한 데도 오히려 그를 실록을 편찬, 관리하는 총책임자에 임명했다. 그만한 전문가가 없다고 보았기 때문이다.[38]

이 밖에도 유정현, 최윤덕, 이직, 맹사성 등 세종 시대의 재상들은 대부분 세종의 결정에 자주 반대하고, 세종과 다른 의견을 냈던 인물들이다. 그중에서도 독보적이었던 것은 허조(許稠)인데 그가 소수 의견을 내는 것은 일상이었다. 백성에게 법전을 쉽게 풀어서 알려 주는 문제, 수령의 임기를 늘리는 문제, 신문고를 칠 수 있는 조건을 완화하는 문제, 백성이 고을 수령을 고발하면 이를 어떻게 처리할지의 문제, 과거 시험을 보완하는 문제 등 여러 사안에서 그는 세종에게 이의를 제기하고 다수와는 다른 목소리를 냈다. 실록에 보면 다른 신하들이 모두 찬성할 때조차 '허조만 홀로 아뢰며[獨許稠曰]' 반론을 제기하는 모습이 자주 등장한다. 그런데 세종은 "허조는 고집불통이다."라고 불평하면서도 그의 손을 놓지 않았다.[39] 오히려 6년간이나 인사를 총괄하는 이조 판서로 중용했다. 정승이 되었을 때도 상당 기간 이조 판서를 겸임하게 한다. 인재를 정밀하게 살피고 편견을 예방하며, 인사 결정을 심사숙고하기 위해서 허조를 이른바 '악마의 변호인(devil's advocate)'으로 삼은 것이다. 이처럼 CEO와 다른 시각을 가지고 있는 인물에게 최고 인사 책임자(CHO)를 맡기는 것은 오늘날의 기업에서도 참고할 만한 부분이다.

요컨대 세종은 반대자를 중용하여 시너지를 냈다. 그는 임금과 같은 생각을 하고 임금의 명령에 무조건 따르는 신하가 아니라, 임금의 생각에 동의하지 않고 다른 의견을 내는 신하를 선호했다. 세종도 사람인 이상 전자가 끌렸을 테지만 진정으로 도움이 되는 것은 후자임을 잘 알고 있었다. 세종은 신하의 반대를 통해서 자신의 결정에 잘못된 점이 없는지 반성하고 정책의 문제점을 점검해 갔다.

물론 이와 같은 반대자는 '무조건적인 반대자'가 아니라 '충성스러운 반대자'여야 한다. 기획하고 준비하는 단계에서는 치열하게 반대하더라도 일단 결정이 나면 일사불란하게 힘을 합칠 수 있어야 한다. 이는 임금과 신하, 리더와 참모 사이에 굳건한 신뢰가 전제되어야 가능하다. 허조는 이렇게 이야기한 적이 있다.

"소신이 반대하였지만 끝내 전하의 허락을 받지 못했으니 어찌할 도리가 없습니다. 그러나 소신의 의견을 수용하여 이만큼 고쳐 주셨으니 이제는 시행해도 문제가 없으실 것입니다."[40]

그는 눈을 감으면서도 "성상(聖上)의 은총을 만나 간언을 올리면 실천해 주셨고 의견을 말하면 경청해 주시었으니, 내 이제 죽지만 여한이 없다."라고 했다.[41] 자신이 반대 의견을 내면 임금이 경청하며 반영해 주었고, 또 언제나 그렇게 해 줄 거라고 믿었기 때문에, 설령 자신의 의사와 다른 결정이 내려지더라도 온 힘을 다해 헌신한 것이다. 이는 다른 신하들도 마찬가지였다.

문제점과 한계

그렇다면 세종의 인재 경영이 모든 면에서 완벽했을까? 문제점은 하나도 없었을까? 그것은 아니다. 당대에 드러나지 않았을 따름이지 어두운 면이 없지 않았다. 대표적으로 세대교체에 실패한 점, 신상필벌(信賞必罰) 중 필벌에 관대했던 점을 거론할 수 있다.

먼저 세대교체의 측면을 보자. 세종이 아끼고 중용했던 인재는 크게 두 집단이다. 아버지 태종이 검증하고 물려준 신하들, 그리고 세종 자신이 발탁하여 키운 젊은 인재들이다. 황희, 맹사성, 허조, 신개, 최윤덕 등 세종 치세의 정승들이 전자에 해당하는데 이들은 태종 대에 이미 판서급 고위 관직을 역임했을 정도로 나이가 있었다. 그런데 세종은 이들에게 오랜 기간 정승을 맡긴다. 황희 같은 이는 무려 24년을 정승에 있었고 이 중 19년을 영의정으로 재임했다. 나이도 80대였다. 맹사성과 허조도 70대에 정승을 했고 긴 시간 동안 재상을 맡았다. 세종이 "나이도 늙지 않았고 기운도 아직 강건하므로 우의정에 제수한다."라고 말했던 신개조차 그때 나이가 66세였다.[42] 물론 원로 신하들의 능력이 탁월했으니 세종이 인사를 그렇게 운영한 것일 터이다. 하지만 그러는 사이, 연배가 어린 중진급 신하들이 재상을 맡아볼 기회조차 얻지 못한 채 유명을 달리했다.[43] 이들이 재상으로 승진하고 그 아래가 다시 이들의 자리로 올라오면서 차례로 역량을 키웠어야 했는데 말이다. 원로들이 장수하여 계속 정승을 맡다 보니 차기 정승감들이 먼저 죽어 버린 것이다. 훗날 수양 대군이 정변을 일으키면서 김종서(金宗瑞) 한 사람만 제거하면 나머지는 걱정할 것이 못 된다고 자신하고,[44] 실제로 김종서가 죽자 단종을 보위하는 세력이 일거에 흔들려 버린 데에는 이처럼 세종의 세대교체 실패가 주요한 원인으로 작용한다.

또한 세종은 필벌에 약했다. 세종은 평소 신하들에게 관심과 애정을 듬뿍 쏟았을 뿐 아니라 성과를 낸 신하에게 후한 상을 내림으로써 동기를 부여했다. 공부하다 잠든 신숙주에게 자신의 옷을 덮어준 일화가 그다지 특별한 게 아니었을 정도다. 그뿐 아니라 "그대의 자질이 아름답다는 것을 안다. 하지 않는다면 모르겠지만 만약 그대가 온 마음과 힘을 다한다면 무슨 일인들 못 하겠는가?"라며 신하들을 격려해 주었으니,[45] 자연히 인재의 마음을 움직이고 그가 임금과 나라를 위해 기꺼이 헌신하도록 만들었을 것이다. 그러나 인사를 운영하는 데 있어서 당근만 사용할 수는 없는 법이다. 조직의 질서와 기강을 확립하고 잘못이나 실수를 반복하게 하지 않으려면 '필벌'을 병행해야 한다. 처벌의 공포를 심어 주기 위해서가 아니라 책임감을 느끼도록 만들기 위해서다.

한데 세종은 필벌을 행하지 않는다. 처벌하더라도 수위를 대폭 낮춰 주거나 쉽게 용서해 주었다. 예를 들어 황희가 좌의정으로 있으면서 사위 서달의 살인 사건을 무마하고자 부정 청탁을 한 적이 있다. 세종은 그 죄를 물어 황희를 해임했지만[46] 2주 만에 다시 같은 자리로 복귀시켰다. 다른 비리 사건도 눈감아 주었다. 신하들이 중대한 위법을 저지른 양춘무의 처벌을 요구했지만 들어주지 않았고[47] 종친 이원생과 이인이 죄를 범했을 때도 가볍게 다스렸다.[48] 여종을 학대하여 죽음에 이르게 한 권채도 짧은 기간 파면에 그친다.[49] 이러한 사례는 무수히 많다. 세종이 신하를 엄히 단죄하는 것은 수령이 백성 구휼을 제대로 하지 않는 등 백성에게 큰 피해를 줄 때로 한정되었다.

이렇게 세종이 신하의 잘못에 관대했던 것은, 처벌하여 그 사람을 재기 불능으로 만드는 것보다 용서하고 다시 기회를 주는 것이 공동체를 위해서라도 나은 일이라고 생각했기 때문이다. 신하의 능력을 아끼는 마음에 그냥 덮어 준 때도 있었을 것이다. 그러나 임금의 기준이 원칙에서 벗어나게 되면 이를 악용하는 사람이 생겨난다. 형평성 논란이 일어나면서 향후에 같은 죄를 저지른 사람을 단속할 명분도 사라진다. 공직 기강이 해이해지고 부정부패가 만연할 우려도 있다. 세종 같은 군주야 충분히 이를 통제할 수 있고 신하들도 함부로 행동하지 못하겠지만, 평범한 군주들이라면 감당하기 힘든 상황이 초래될 수 있다.

지금까지 세종의 인재 경영의 중점들을 정리해 보았다. 임금이 인재 선발과 육성에 관심을 두고 열의를 다한 점, 사장되는 인재가 없도록 제도를 보완한 점, 다음 세대를 이끌어 갈 핵심 인재를 양성한 점, 그리고 이것을 일회성으로 그치지 않고 꾸준히 실천해 갔다는 점은 오늘날 리더들이 본받아야 할 부분이다. 리더가 인재를 직접 챙겨야 인사 부처가 최선을 다하고 조직 문화 또한 달라질 수 있다는 것을 잊어서는 안 된다.

인재가 직무에 몰입하고 만족할 수 있는 환경을 조성한 것도 평가할 만하다. 일반적으로 인재의 헌신을 유도하기 위해서는 내적 가치와 외적 보상이 함께 충족되어야 한다. 다만 당시는 유교 이념에 따라 물질적 대가보다는 공직에 대한 사명감이 우선했고 요즘과 같은 성과 보상 개념은 아예 있지도 않았다. 인재가 이직할 수 있는 경쟁 기업이 존재했던 것도 아니다. 따라서 내적 가치가 인재를 붙잡는 첩경이 되었는데, 유교 국가의 인재가 가장 중요하게 생각했던 가치는 올바른 정치가 행해지고 있는가, 그 안에서 제 뜻을 펼칠 수 있는가의 문제였다.[50] 세종은 인재가 마음껏 자기 생각을 개진하도록 했다. 왕과 다른 주장을 하더라도 존중하고 경청하면서 최대한 인재의 의견을 수용해 주었다. 왕에 대한 신랄한 비판까지 기꺼이 받아들였다. 군주의 이와 같은 태도는 자연히 인재에게 동기 부여가 된다.

마지막으로 세종이 반대자들로 조정의 요직을 채운 점이 매우 중요하다. 흔히 '악마의 변호인', '레드 팀'의 필요성을 이야기한다. 다른 관점을 수용하여 다양성을 확보하고, 반대 의견을 경청하여 미리 취약점을 보완하기 위해서다. 반론과 이견에 귀 기울일수록 객관성을 갖출 수 있어서이기도 하다. 하지만 이러한 시스템이 실무 단계에서는 존재할지 몰라도 최고 리더에게까지 적용되는 경우는 보기 힘들다. 재벌 그룹 총수의 결정에 반대하고 판단에 이의를 제기하는 행위가 일상이 될 수 있겠는가? 대통령의 면전에서 당신이 틀렸다며 강하게 비판할 수 있겠는가? 만약 그랬다면 전직 대통령과 재벌 회장이 포토 라인에 서는 일 따위는 벌어지지 않았을 것이다.

세종이라고 무조건 바른 생각만 하고 적절한 판단만 내렸을까? 절대 아니다. 세종의 최종 결정이 훌륭할 수 있었던 것은 지엄한 왕명 앞에서도 주저하지 않고 다른 의견을 이야기하는 신하를 곁에 두었기 때문이다. 왕 앞에서 거침없이 반박하는 대신들이 그를 보좌했기 때문에 세종이 우리가 아는 '세종 대왕'일 수 있었던 것이다.

note 15
숙종의 환국 정치

"이 나라는 너그럽고 어진 마음으로 세워져 예로써 신하를 대우하고 함부로 죽이지 않았으니, 어찌 거듭하여 대신들을 죽인 전하의 조정 같을 때가 있었겠나이까? 전하께서 즉위하신 지 16년 동안 정국은 크게 세 번 변했습니다. 그때마다 오로지 한쪽 편의 사람만 쓰시어 내쫓긴 자들이 한을 품어 뼈에 사무쳤고, 뜻을 얻은 자들은 마음대로 보복을 자행하였습니다."¹

허적(許積), 숙종 6년 5월 11일. 윤휴(尹鑴), 숙종 6년 5월 20일. 송시열(宋時烈), 숙종 15년 6월 3일. 김수항(金壽恒), 숙종 15년 윤 3월 28일. 이들은 숙종 때 목숨을 잃은 남인(南人)과 서인(西人)의 영수들, 그리고 그들이 각각 사약을 받았다고 기록된 날짜들이다. 이들이 어떤 사람인지, 과오가 있는지 없는지를 떠나서 이처럼 각 붕당을 대표하는 인물이 연이어 죽임을 당한 것은 그때껏 없었던 일이었다.

그러면 먼저 허적과 윤휴가 죽은 1680년(숙종 6년)으로 가 보자. 3월 28일, 공조 판서 유혁연과 광성 부원군 김만기, 포도대장 신여철이 임금의 호출을 받았다. 세 사람이 모두 모이자 숙종은 "재앙과 이변이 계속 나타나고 불안한 의심이 생겨나며 거짓말이 떠들썩하므로" 한양과 궁궐을 호위하는 군영(軍營)의 지휘관을 교체하겠다고 선언한다. 그러면서 유혁연이 겸임하고 있던 훈련 대장은 김만기에게, 총융사는 신여철에게 맡겼다.

> "유혁연은 삼조(三朝)[2]를 섬긴 장수이므로 내가 매우 의지하고 중히 여기지만 20년이나 오랫동안 이 임무를 맡아 온 데다 근력이 이미 쇠했으니 우선 해임하고자 한다."

숙종이 이렇게 말하긴 했지만 김만기와 신여철에게 즉시 임무를 수행하라고 지시한 것을 볼 때 유혁연의 해임은 문책성 인사에 가까웠다. 더욱이 유혁연은 남인을 대표하는 무장이고 신여철은 서인을 대표하는 무장이었다. 김만기는 서인의 중심인물로 숙종의 첫 번째 왕비 인경 왕후의 아버지였다. 즉 이날의 인사이동은 임금이 남인에게 주었던 병권을 거둬들여 서인에게 준 것이다.

이 일은 남인이 실각하고 서인이 집권하는 경신환국(庚申換局)[3]의 시발점이 되었다.

숙종은 이어서 귀양을 가 있던 서인의 영수, 전 좌의정 김수항을 복권시켰고, 남인인 이조 판서 이원정을 삭탈관직[4]했다. 3월 30일에는 의금부, 승정원, 사헌부, 사간원의 주요 직위를 서인계 신료로 교체했다. 사태가 심상치 않다는 것을 깨달은 남인들이 사직을 청하니 이를 모두 수리하였고 마침내 4월 3일, 서인으로만 구성된 조정을 출범시킨다. 숙종은 이 과정을 신속하면서도 매우 치밀하게 진행했는데, 병권을 빼앗아 남인을 제압할 힘을 확보하고(1단계), 서인의 영수를 복권하여 정국을 전환하겠다는 신호를 보내고(2단계), 이조 판서를 교체함으로써 인사권을 장악하고(3단계), 의금부, 사헌부, 사간원의 관리를 교체하여 남인을 탄핵하고 수사, 처벌할 수 있는 토대를 마련한 뒤(4단계), 조정을 전면 교체하는 환국을 단행(5단계)했다. 5일 사이에 이루어진 숙종의 전광석화와 같은 조치에 남인 정권은 손써 볼 새도 없이 무너져 버린다.

실록에 따르면 남인에서 서인으로의 정권 교체를 촉발한 결정적인 계기는 '허견의 옥사'였다. 남인의 영수이자 영의정 허적의 서자 허견은 평소 참람하고 무도한 행동으로 악명이 높았다. 그런 그가 복선군[5]과 결탁하여 역모를 꾸몄다는 것이다. 이들은 사병을 양성하고 체부(體府)[6]를 통해 병력을 동원하고자 하였는데, 체부는 남인의 건의에 따라 설치된 데다가 체부의 책임자인 도체찰사가 바로 영의정 허적이었기 때문에 이와 관련된 남인 대신들에게도 역모의 혐의가 씌워졌다. 허적과 함께 체부의 설치를 처음 주장했던 윤휴가 사사되었으며 유혁연도 사약을 받았다. 이 밖에도 이원정이 장살[7]되는 등 많은 남인 신하들이 목숨을 잃는다.

이후 9년이 지난 1689년(숙종 15년)에 조정에는 다시 한번 폭풍우가 몰아친다. 이번에는 반대로 서인이 축출당하는 기사환국(己巳換局)이 벌어졌다. 경신환국을 초래한 직접적 원인이 허견의 옥사였다면 기사환국을 가져온 발단은 원자정호(元子定號) 문제였다. 1688년 10월에 희빈 장씨가 훗날 경종이 되는 아들을 낳자 숙종은 곧바로 원자의 호칭을 부여했다.[8] 원자란 임금의 맏아들을 부르는 말로 통상 적장자가 세자에 책봉되기 전까지 갖는 칭호이다. 희빈 장씨의 아들을 원자로 정했다는 것은 곧 이 아들을 후계자로 삼겠다는 뜻이었다.

그러자 2월 1일, 서인의 영수 송시열이 원자정호를 부정적으로 평가하는 상소를 올린다. "송나라 철종이 열 살 때까지 번왕(藩王)[9]의 지위에 있다가 신종이 병이 들자 비로소 태자로 책봉된" 것은 "제왕의 행동거지는 항상 여유롭게 천천히 하는 것을 중히 여기기 때문"이며, "여러 신하가 왕후께 경사가 있을 때를 거론하는 것은 사전에 세밀하여야 한다는 생각이 있어서"라고 밝힌다.[10] 아직 나이가 젊은 인현 왕후가 적자를 출산할 가능성이 충분하니 성급하게 결정하지 말고 기다려야 한다는 것이다. 이는 서인 다수가 공유하는 생각이었는데, 적자를 원자로 삼는 것이 예법인 데다, 희빈 장씨가 남인계 인물이고 이미 희빈 장씨를 중심으로 남인 세력이 결집하고 있었기 때문에, 이를 우려한 것으로 보인다.

이와 같은 송시열의 상소에 숙종은 격노했다. 왕이 이미 결정한 것에 대해 반론을 제기한 것도 못마땅했지만 신하로서 왕위 계승 문제를 언급한 것을 왕권에 대한 도전으로 받아들였다. 숙종은 그다음 날로 조정을 남인으로 재편하고 5월 2일에는 왕비 민씨를 폐하여 서인(庶人)으로 강등시켰다. 그리고 경신환국 이후 영의정으로서 조정을 이끌었던 김수항과 서인의 정신적 지주 송시열에게 사약을 내렸다.

그런데 환국은 여기서 끝나지 않는다. 1694년(숙종 20년) 갑술환국(甲戌換局)이 일어나면서 서인이 재집권한 것이다. 같은 해 4월 1일에 숙종은 남구만을 영의정으로 하는 서인 조정을 출범시키고 남인 재상 권대운과 목내선을 유배 보냈으며 민암을 사사했다.[11] 갑술환국은 김춘택, 한중혁 등의 '폐비 복위 운동'이 계기가 되었는데, 남인 정권은 이것을 역모로 몰아 서인의 잔여 세력까지 제거하려 했지만 숙종이 개입하여 상황을 반전시켰다.

갈등 조장이 가져온 파국

이것이 경신환국, 기사환국, 갑술환국, 즉 숙종 대에 이루어진 세 번의 환국이다. 환국은 군주가 강제로 집권 세력을 전면 교체하는 정권 교체 방식으로 숙종 대에 처음 시행되었다. 숙종이 통치하기 전까지만 해도 각 붕당은 갈등하고 대립했을지언정 상대방을 괴멸시키려는 극단적인 대결 양상을 보이지는 않았다. 선조 때 남인과 북인, 서인이 서로 난타전을 벌였지만, 연립 정권이 유지되었으며 인조 초기에는 남인인 영의정 이원익이 서인 대신들을 지휘했다. 효종 대에는 서인과 남인의 경제 관료들이 협력하며 대동법을 추진한 바 있다. 현종 대에 이르러 서인과 남인이 치열하게 예송(禮訟) 논쟁을 벌였지만 어디까지나 공존 속에서 진행된 이론 경쟁이었다. 심지어 2차 예송 논쟁에서 현종이 남인의 손을 들어 줌으로써 남인 정권이 출범했을 때도 서인인 청성 부원군 김석주와 광성 부원군 김만기가 건재했으며, 남구만, 유상운 등이 한성부 좌윤과 대사간이라는 고위직을 맡고 있었다. 즉 조정이 어느 한 붕당 일색으로 채워진 경우는 존재하지 않았다.

그러나 숙종이 환국을 단행하면서 이 같은 공존은 깨져 버렸다. 숙종은 환국 때마다 지난 정권의 주요 인사를 죽이고 실각한 붕당을 과도하게 탄압했다. 환국의 정당성을 확보하기 위해 기존 집권 세력을 불충한 신하, 역심(逆心)을 품은 신하로 내몰았다. 예컨대 경신환국의 계기가 된 에서 허견의 역모는 역모라고 부르기엔 매우 어설펐다. 복선군이 허견과 친하게 지내며 불순한 마음을 품은 것은 분명해 보이나 구체적인 행동에 나선 것은 아니었다.[12] 허견도 자신의 혐의를 인정하기는 했지만, 이들이 양성했다는 사병은 동네 건달 수준이고 군사 동원 계획도 현실성이 없었다. 변변치 못한 두 사람이 권력에 대한 헛된 야망을 품고 입으로 떠든

저열한 모사(謀事)에 불과했던 것이다. 물론 조선은 내용의 질과 상관없이 역모를 계획하는 것만으로도 처벌한다. 따라서 이들에 대한 처분이 잘못되었다는 것은 아니다. 다만 숙종은 역모에 연루되었다는 증거가 없었음에도 남인 대신 상당수를 이 사건의 관련자로 몰아 목숨을 빼앗았다. 기사환국 때도 마찬가지였다. 송시열과 김수항이 임금의 뜻에 반론을 제기하기는 했지만, 이는 자신들의 가치관에 입각한 주장을 한 것일 뿐 불충했다거나 사약을 받을 만한 잘못을 저질렀던 것은 아니었다. 하지만 숙종은 두 사람이 흉악한 죄를 지었다며 사사한다.

이러한 숙종의 조치는 서인과 남인을 원수로 만들었다. 자당의 영수를 죽인 것은 다름 아닌 왕이었지만 왕을 비판할 수는 없는 노릇이고 대신 영수를 죽이는 데 참여한 상대 붕당에 원한을 키웠다. 또한 임금의 변심에 따라 언제 다시 정권이 뒤바뀔지 알 수 없는 상황이었기 때문에 아예 상대당의 싹을 뽑아 놓겠다며 무리수를 두었다. 김수항이 오시수의 죽음에 개입한 것,[13] 전익대가 김익훈의 사주를 받아 남인이 역모를 꾀했다고 허위로 고변한 것,[14] 남인 정권이 송시열을 죽인 것, 남인이 인현 왕후 복위 운동을 역모로 몰아 서인의 잔여 세력을 제거하려 한 것이 대표적이다. 자기 붕당이 생존하기 위해서는 상대 붕당을 전멸시켜야 하는 파국이 초래된 것이다.

또한 숙종은 이 과정에서 자신의 판단 착오나 잘못을 대부분 인정하지 않았다. 자기가 송시열을 죽였으면서 송시열을 죽게 만든 것은 남인이라고 책임을 전가하는 식이었다. 이러한 숙종의 태도는 각 붕당이 임금을 믿지 못하도록 만들었고, 독자적으로 힘을 구축하는 데에 집착하고 상대방을 배척하는 것에 매달리도록 만들었다. 그리고 이것이 임금의 눈에는 전횡과 오만으로 비쳐 염증을 느끼게 하는 악순환을 낳게 된다.

결국 서인과 남인은 돌아올 수 없는 다리를 건너게 되는데, 일차적인 책임은 살펴본 바와 같이 숙종의 갈등 조장에 있었다. 원래 갈등은 무조건 나쁘기만 한 것이 아니다. 서로의 기분이 상해 벌어지는 감정적인 갈등이 아니라 관점과 생각, 가치관의 차이로 인해서 생겨난 갈등이라면, 다양한 대안을 도출하고 사고의 폭을 확장함으로써 의사 결정의 질을 높일 수 있다. 문제는 이것을 적절한 수준에서 세심하게 관리해야 한다는 것이다. 처음에는 생산적인 갈등인 듯해도 그것이 격화하면 감정 대립으로 이어지고 상대방에 대한 분노와 적개심을 키우기 때문이다.

잘 알려져 있다시피 서인과 남인은 학문적, 이념적 차이를 가진 집단이다. 학통과 정치적 배경이 다를 뿐 아니라, 성리학적 세계관인 이기론(理氣論)에 대해서도 근본적인 견해 차이를 가지고 있다. 왕권과 신권, 예법(禮法)에 대한 이론도 서로 다르다. 따라서 국정과 민생의 주요 문제들을 처리하는 방식이나 제시하는 대안에 서로 차이가 있을 수밖에 없다. 만약 숙종이 서인과 남인의 선명성 경쟁, 정책 경쟁을 유도하며 누가 더 나은 붕당인지를 겨루도록 만들었다면, 균형 잡힌 논쟁 속에서 '창조적 마찰(creative abrasion)', 즉 생산적인 갈등이 이루어지도록 관리했다면 이후의 정치 양상은 상당히 달라졌을 것이다.

그러나 숙종은 붕당 간의 감정적 갈등을 유발하고 이를 악화시킴으로써, 상대 당을 존중하기는커녕 상대 당을 척결 대상으로 여기는 극단적인 대결 정국을 만들어 버렸다. 이는 요즘에도 익숙한 모습이지 않은가? 여와 야가 아무리 치열하게 싸워도 대화 창구를 열어 놓고 협력할 것은 협력하던 과거와 다르게 지금은 상대 정당을 '악(惡)'으로, 사멸해야 할 존재로 여긴다. 속으로는 아무리 못마땅해도 겉으로는 예의를 차리고 선을 지키던 과거와 다르게 지금은 사소한 일에서도 날이 선 폭언과 저주를 퍼붓는다. 숙종과 마찬가지로 갈등으로부터 이익을 얻으려 한 정치인들의 책임이 크다. 과연 이 같은 상황에서 공동체의 역량을 한데 모을 수 있을까? 화합이 가능하고, 건전한 경쟁이 가능할까? 이러다가는 앞으로 무슨 일이 벌어질지 숙종의 시대가 너무도 잘 보여 주고 있지 않은가.

note 16
영조와 정조의 탕평 정치

"붕당(朋黨)의 폐단이 요즈음보다 심한 적이 없었다. 처음에는 학문을 가지고 소란을 일으키더니, 지금은 반대편 사람을 모조리 역당(逆黨)으로 몰고 있다. 세 사람이 길을 가도 어진 사람과 불초한 사람이 있기 마련이다. 어찌 같은 당파의 사람이라고 해서 모두 좋고 모두 나쁜 이치가 있겠는가?"[1]

같은 조직에 속했다고 해서 구성원의 생각이 모두 같을 수는 없다. 조직의 방향과 운영 방식에 대한 견해차가 있고 이해관계도 서로 다를 것이다. 그래서 제 뜻을 관철하기 위해 비슷한 사람들끼리 힘을 모은다. 파벌이 만들어지고, 이들 간의 대립이 생겨나는 것은 그 때문이다.

그런데 '공감적 이해(empathic understanding)', 즉 역지사지 (易地思之)의 자세가 전제되고 차이를 존중하는 조직 문화가 존재 한다면 갈등과 대립은 얼마든지 타협과 합의로 이어질 수 있다. 하지만 그것이 불가능하다면, 당사자들의 자발적인 협상이 어려 울 정도로 대결 구도가 심화한다면 어떻게 해야 할까? 조직의 분 열을 방지하기 위해서라도 리더가 나서야 한다. 리더가 적극적으 로 개입하여 중재와 조정에 나설 필요가 있다.

18세기의 조선도 그러한 상황이었다. 16세기 후반, 학문과 세 계관, 정치적 이해관계의 차이가 복합적으로 작용하여 동서(東 西) 붕당이 탄생한 이래, 붕당은 남인과 북인, 대북과 소북, 공서 와 청서, 탁남과 청남, 노론과 소론으로 분기를 거듭했다.[2] 조정의 분열이 갈수록 심해지고, 갈등과 대립이 더욱 격화되었음을 보여 준다. 인조반정 직후 서인과 남인이 공존하며 비판적 협력 관계를 이어갔던 연정(聯政) 체제도 예송 논쟁(禮訟論爭) 등으로 붕당의 승패가 뚜렷하게 갈리면서 상대방을 적대하는 인식이 강해졌다. 여기에 기름을 부은 것이 숙종의 환국 정치다. 본래 의도야 어떻 든지 간에 각 붕당으로 하여금 자신들이 생존하기 위해 상대 당을 역적으로 내모는 '전부 아니면 전무(all or nothing)'의 행태를 갖 게 했다. 정책 경쟁은 사라져 버리고 오로지 상대당의 전멸을 추 구하게 된다.

조선의 제21대 군주 영조가 맞닥뜨린 환경은 더욱 심각했다.

조정의 양대 축이었던 노론과 소론은 서인이라는 같은 뿌리를 가졌음에도 불구하고 상대방의 주요 인사를 죽음으로 내몰고 상대 당파를 반역자들의 당, 즉 '역당'이라고 규정하는 등, 이미 돌아올 수 없는 다리를 건넌 뒤였다. 게다가 영조가 노론에 의해 옹립되다시피 하면서[3] 임금 역시 이들의 당쟁에서 자유롭지 못했다. 당론(黨論)의 극단적인 대립 속에서 영조는 자신의 정통성을 확보해야 했으며, 노론과 함께 경종의 독살에 관여했다는 의심도 해소해야 했다.[4] 영조가 노론의 대의명분을 국가적인 차원에서 공인하고[5] 자신의 정당성을 천명한 『천의소감(闡義昭鑑)』을 편찬하여 공표한 이유이다.[6]

하지만 영조는 '노론의 임금'에 머물고 싶지 않았다. 다른 붕당이 가진 현실적인 힘을 고려한 까닭도 있지만, 명실상부하게 모든 붕당을 초월한 군왕이 되고자 했다. 붕당들이 서로 공존하는 가운데 건강하게 경쟁하는 것이 나라에 이롭다는 생각도 하고 있었다. 게다가 영조는 붕당 간의 갈등이 격화하면서 인사가 당파를 기준으로 이루어지는 점도 걱정했다. 영조는 즉위 초기에 앞에서 소개한 '붕당의 폐단을 염려하는 하교'를 내렸는데, 같은 당파 안에도 어진 사람과 불초한 사람이 있는 법이라며 자당의 사람만 등용하고 상대당의 사람은 배척하니, 이는 나라의 절반을 침체시키는 셈이라고 질타하였다.[7]

이에 영조는 정치적으로 노론의 손을 들어 주면서도 양쪽 모두 옳은 주장이 있고 양쪽 모두 틀린 주장이 있다는 양시쌍비(兩

是雙非)를 기본 논리로 삼았다.[8] 그러면서 완론(緩論) 중용, 쌍거호대(雙擧互對)와 양치양해(兩治兩解)의 원칙, 탕평파(蕩平派) 육성을 통해 자신이 구상한 탕평 정치를 실현하고자 했다.[9] 먼저 완론이란 상대 당파에 대해 너그러운 태도를 가진 사람, 즉 온건파를 뜻한다. 완론 성향의 신하들을 중용한 것은 붕당의 대결 구도를 완화하기 위해서였다. 쌍거호대는 양쪽에서 천거하여 서로 대응하게 한다는 의미이다. 이를테면 이조 판서를 노론으로 임명했다면 이조의 다음가는 자리이자 이조 판서를 견제할 수 있는 이조 참판에는 소론을 임명하는 인사 형식을 말한다. 다음으로 양치양해란 죄를 물어도 함께 묻고 풀어 주어도 함께 풀어 준다는 말로, 어느 한 당파만 억제하거나 탄압하지 않겠다는 뜻이다. 마지막으로 탕평파는 영조의 탕평 정치를 지지하는 신하들을 세력화한 것으로, 영조는 김재로, 송인명, 조현명 등의 탕평파를 키워 이들에게 힘을 실어 주었다. 이들이 죽은 뒤에도 탕평파 2세대라고 할 수 있는 원경하, 이천보, 이종성, 조재호 등을 육성해 조정의 중임을 맡긴다.

영조는 이 과정에서 군왕의 위상을 강조했다. 각 붕당이 탕평이라는, 임금이 제시한 새로운 원칙과 이념에 승복하도록 만들기 위해서는 임금에게 권위가 있어야 하기 때문이다. 영조는 임금이 극(極)[10]을 세운다는 유교의 가르침, 임금이 군사(君師)[11]로서 정치와 학문, 도덕을 모두 관장한다는 성리학의 원칙을 내세웠고, 자신을 전설적인 성군(聖君)인 요순(堯舜)에 등치시켰다. 그동안 이러한 관념들은 신하가 왕권을 제약하는 논리로 사용되어 왔지만,[12] 임금이 성군이자 군사를 자임한 이상 감히 그 권위에 도전할 수가 없게 된다. 물론 이러한 영조의 스탠스가 처음부터 신하들의 인정을 받은 것은 아니다. 과연 영조가 성군이며 군사의 경지에 올랐냐는 반론이 제기됐다. 하지만 재위 기간이 쌓여 가면서 그는 정치 경험과 연륜 면에서 모두 신하들을 압도하기 시작한다.[13] 여기에 『대학장구(大學章句)』 등 유교 경전에 대한 '어제서(御製序)'[14]를 지으며 학문적 권위를 높였고, 왕권을 사용해 신하들에게 압박과 위협을 가하기도 했다. 식사와 탕약 거부, 양위 소동과 같은 정치적 연출도 벌인다.[15] 더욱이 아들까지 죽이는 비정함은 신하들의 복종을 얻어 내기에 충분했다.

그렇다면 영조는 이러한 권위를 바탕으로 탕평 정치에 성공했을까? 영조가 탕평을 실현하기 위해 심혈을 기울였음은 분명하지만, 소기의 목적을 달성했는지는 의문이 남는다. 점차 초월적이고 독재화된 영조가 조정을 '예스맨'으로 채웠기 때문이다. 완론 중용, 쌍거호대 인사, 탕평파 육성이라는 영조의 원칙도 여러 폐단을 양산했다. 건전한 경쟁이 사라지고, 명확한 결론을 내리기보다는 어정쩡하게 봉합하는 행태가 이어진 것이다. 자신의 주관이나 신념 없이 임금의 뜻에만 추종하는 경향도 심화되었다.[16] 탕평파가 외척과 손을 잡고 전횡을 휘두르기도 했는데, "탕평을 주장하는 당이 옛날 당보다 더 심하다."라는 비판이 나왔다. 특히 쌍거호대는 많은 공격을 받았다. 민응수는 이것이 겉으로 보이기 위한 것일 뿐 참다운 탕평이 아니라 하였고[17] 유언국은 이로 인해 인재의 현명함과 어리석음, 재능이 있고 없음을 구별할 수 없게 되었다고 비판했다.[18] 기계적 균형에 치중하느라 인재 판별에 소홀하다는 것이다.

탕평 정치의 효과와 한계

영조의 뒤를 이어 즉위한 정조는 할아버지의 탕평 정치를 계승하면서도 이러한 문제점들을 인식하여 탕평의 방식을 바꾼다. 정조는 영조 대의 탕평이 균등하게 조제보합(調劑保合)하는 일, 즉 기계적인 조정과 화합에만 주력하다 보니 오히려 정치가 더욱 혼란해졌다고 진단했다. 그는 탕평이란 나와 상대방의 편을 가르지 않고 선입견을 버리는 것이지, 무조건 중간 지점에서 조율하고 타협하는 것은 아니라고 생각했다. 정조는 이렇게 이야기한다.

"탕평은 의리(義理)에 방해받지 않아야 하지만 의리도 탕평에 방해받지 말아야 한다. 그것이 탕평의 대의이다."[19]

이에 정조는 의리 탕평(義理蕩平)을 주창한다. 강경파들의 탕평, 다른 말로 준론 탕평(峻論蕩平)이라고도 불리는 이 탕평책은 기계적 중도에서 탈피하여 각 붕당이 각자의 신념과 생각을 마음껏 드러낼 것을 요구한다. 정조는 청의(淸議)와 준론을 존중하겠다고 밝혔는데, 선명성 경쟁을 통해 의리를 구현해 가겠다는 것이다. 정조가 쌍거호대를 폐기하고 의리를 굳게 발전시킬 수 있는지를 기준으로 인재를 등용하겠다고 밝힌 것도 이를 위해서였다.

그런데 이와 같은 방식이라면 그 '의리'는 과연 누가 판정하는가 하는 질문이 나올 수 있다. 어떤 주장이 의리에 부합하는지, 누가 의리를 실천할 수 있는 사람인지 어떻게 아느냐는 것이다. 정조는 바로 임금이 그 역할을 해야 한다고 보았다. 정조는 영조와 마찬가지로 군사(君師)를 자임하며, 오직 임금만이 도덕적 인륜 질서의 표준을 세울 수 있다는 유황작극(惟皇作極)론을 내세웠다. 임금이 붕당을 교화하고 조정할 수 있는 최고의 권위자임을 강조한 것이다.

이러한 정조의 주장은 학문적 권위를 통해 힘을 얻어 갔다. 영조가 정치술과 나이, 경험으로 신하를 제압했다면 정조는 학문으로 신하를 압도했다. 정조와 신하들이 학문에 관해 토론한 기록인 『경사강의(經史講義)』를 보면 당시에 학문적, 논리적으로 정조를 이길 수 있는 신하는 없었다. 이 같은 위상을 토대로 정조는 사대부의 잘못된 학풍과 공부 태도를 비판하고 한다하는 학자들까지 공개적으로 면박을 주었다. 유교 경전과 성리학 쟁점 해석의 표준을 제시하며 자신이 진리의 담지자임을 과시했다. 이는 모두 본인의 학문적인 권위를 높이는 것일 뿐만 아니라 정치적 권위를 높인 것이기도 하다. 유교 정치는 철저히 유학(儒學)에 기반을 두는 데다, 임금은 통치자이면서 학문과 도덕의 스승이어야 한다는 것이 성리학의 가르침이기 때문이다.

그러나 정조가 진리의 해석을 독점하면서 그의 탕평 정치도 한계를 드러냈다. 겉으로 아무리 의리의 추구, 건강한 경쟁, 원칙과 신념, 대화와 타협, 조정과 협상 등 긍정적인 키워드를 내세운다 해도, 결국엔 군주인 정조가 제시하는 방향으로 가라는 것이기 때문이다. 정조는 죽기 얼마 전, 자신의 정치철학을 총 정리한 '오월 그믐날의 연회에서 내린 교시', 즉 오회연교(五晦筵敎)를 발표하였는데, 여기에는 다음과 같은 대목이 있다.

> "나의 한 조각 애절한 마음은 오로지 찌들은 더러운 습속을 전부 새롭게 만들어 마침내 나쁜 무리들까지도 모두 착한 백성으로 변화시키는 데에 있었다. 그렇기 때문에 처음 왕위에 오를 때부터 한 가지 정당한 규모를 분명히 내보여 의리를 천명하고 함께 대도(大道)로 가는 근본으로 삼았으니, 규모가 크게 정해진 뒤로 이 속에 들어온 자는 국가를 위하는 편으로서 충신이고 군자였으며 여기서 벗어난 자는 역적의 편으로서 충성스럽지 않은 자이고 소인이었다."[20]

즉 자신이 세운 기준을 따르는 사람이 충신이고 반대하는 사람은 역적이라는 이야기이다.

결국 정조의 탕평 정치도 성공했다고 보기에는 부족한 점이 많다. 정조의 카리스마와 개인기가 워낙 뛰어났기 때문에, 그의 재위 기간 동안에는 붕당의 대립이 극단적인 방향으로 흐르지는 않았다. 반대 당 인사를 공격하고 사갈시하는 것은 여전했지만, 억지로라도 왕명에 순응하며 공존을 받아들인다. 그러나 정조가 죽자마자 신유박해(辛酉迫害)[21]가 일어나 남인계 인사들이 대거 숙청당했으며, 벽파와 시파는 죽고 죽이는 권력 투쟁을 벌였다. 정조의 탕평 정치 역시 붕당의 갈등을 해결하지 못한 것이다.

이상 영조와 정조의 사례는 조직 내에서 일어나는 갈등을 어떻게 관리할 것인지에 대해 교훈을 준다. 첫째로 기계적 균형으로는 문제를 해결할 수 없다는 것이다. 흔히 조직 내 세력 간의 갈등이 심해지면 요직과 이권을 똑같이 나누어 준다. 산술적인 균등을 통해 양쪽의 불만을 잠재우려는 것이다. 하지만 이것은 미봉책일 뿐 문제를 근본적으로 해결해 주지 못한다. 특히 인사의 경우 나눠 먹기를 하다 보면 능력 있는 사람이 떨어지고 능력 없는 사람이 발탁되곤 한다. 예를 들어 '가' 파벌에 법무부 장관과 차관을 맡을 만한 탁월한 인재 두 사람이 있다고 하자. 이에 비해 '나' 파벌에는 해당 업무를 잘 해낼 만한 사람이 없다. 한데 한 파벌이 장관을 맡으면 다른 파벌에게 차관 자리를 주어야 한다는 방침에 따라 적임자를 쓰지 못하는 상황이 벌어지는 것이다. 이런 경우 내부의 발전 노력이 감소하는 단점도 있다. 경쟁하여 쟁취하지 않아도 자신들에게 주어지는 양은 같기 때문이다.

그렇다고 리더가 독선적으로 문제를 해결하려 들면 상황은 오히려 악화된다. 물론 구성원 간의 갈등을 조정하는 것은 리더의 책임이다. 리더는 갈등을 관리하여 효율성을 높이고 공동체의 힘을 결집할 의무가 있다. 더욱이 리더로서 최종 결정을 내리면, 당연히 그 결정에 따르도록 갈등 당사자에게 요구해야 한다. 다만 무조건 승복하라고 말해서는 안 된다. 조직의 의사 결정이 확정되고 나면 일사불란하게 움직여야 하겠지만, 적어도 숙고하는 과정에서는 치열한 토론이 이루어져야 하고, 리더에게 반론이 제기될 수 있어야 한다. 리더의 생각도 의심의 대상이 될 수 있어야 한다. 그래야 혹시라도 리더의 판단이 잘못되는 일을 방지할 수 있다. 그렇지 않으면 영조처럼 리더의 눈치만 보는 조직 문화를 만들거나, 정조처럼 불만을 삭이고 기회를 엿보는 풍조를 낳게 된다.

무릇 갈등이 꼭 부정적인 것만은 아니다. 적절히 관리할 수만 있다면, 갈등을 촉발한 차이를 조정하면서 새로운 루틴을 만들어낼 것이다. 극단적으로 치닫지만 않는다면 갈등으로 인한 대결은 서로를 더욱 강하게 만들 것이다. 이때 리더의 역할이 매우 중요하다. 갈등이 조직의 성장을 위한 자양분이 되도록 하는 것, 갈등 당사자들이 선을 넘지 않도록 하는 것, 이를 위해 객관적이면서도 세심하게 조정하고, 성심성의껏 중재하는 것, 모두 리더가 해야 할 일이다.

그런데 리더는 권위나 힘으로써 이 문제를 해결하려는 경향이 있다. 앞에서 다룬 숙종과 이 장에서 이야기한 영조, 정조는 갈등에 대처하는 리더의 각기 다른 방식을 보여 주지만 공통점이 있다. 세 리더 모두 군주의 권위 강화에 초점을 맞추었다. 이 자체가 잘못되었다는 뜻은 아니다. 하지만 리더의 힘이 강해진다고 해서 갈등이 해소되지는 않는다는 것을 다름 아닌 세 군주의 사례를 통해 확인할 수 있다. 또한 세 군주는 각 붕당이 상대 붕당을 존중하고 상대 의견을 경청하는 문화를 구축하는 일에 소홀했다. 서로를 존중하지 않고, 타협과 절충, 합의의 관행이 체질화하지 않는다면 아무리 강력한 리더가 개입한다고 하더라도 끝내 갈등을 극복할 수 없음을 보여 준다.

note 17
태종의 세자 책봉

"어진 사람을 세자로 세우는 것은 예나 지금이나 변함없는 대
의(大義)요, 세자에게 죄가 있다면 마땅히 폐위하는 것이 나라
의 항구한 규칙이다. 일에는 하나의 길만 있지 않으니 그저 사
리에 합당하길 기대할 뿐이다."

1418년(태종 18년) 6월 3일에 태종은 15년간 세자 자리에 있
던 양녕 대군(讓寧大君)을 전격적으로 폐위하여 광주(廣州)로 추
방하고 셋째 아들인 충녕 대군(忠寧大君)을 세자로 삼았다. "세자
의 행동이 지극히 무도(無道)하여 종묘사직을 이어받을 수 없다."
라는 대소 신료들의 요구도 있었지만, 양녕 대군이 궁궐로 기생을

불러들이고[1] 후계자 수업인 서연(書筵)에 갖은 핑계를 대며 빠졌으며[2] 부녀자와 통정을 하는 등[3] 도저히 왕위를 이을 그릇이 되지 못한다고 판단했던 것이다.

그런데 이 조치가 말처럼 쉬운 일은 아니었다. 우선 적장자가 왕위를 승계한다는 전통 사회의 원칙을 무너뜨리는 것이다. 게다가 충녕 대군의 왕위 승계 서열은 3위에 불과했다. 예법대로라면 양녕 대군이 폐위된다고 해도 양녕 대군의 적장자, 즉 태종의 적장손이나 아니면 태종의 둘째 적자인 효령 대군이 세자의 지위를 이어받아야 했다. 그뿐 아니라 태종이 이미 연로한 상태였기 때문에 후계자 교육을 시킬 시간이 부족했다. 기존에 양녕 대군을 지지하던 세력들이 새로운 세자를 위협할 수 있다는 우려도 있었다. 자 그렇다면, 여기에 대해 태종은 과연 어떤 입장을 보였고 또 어떻게 해결책을 찾고자 했을까?

후계자가 필요한 이유

태종의 이 사례를 살펴보기에 앞서 우선 세자라는 자리, 즉 후계자가 갖는 의미에 대해 생각해 보자. 무릇 리더의 공백은 언제 찾아올지 모른다. 이는 임기가 정해져 있는 리더이든, 종신 임기를 가진 임금과 같은 리더이든 예외가 아니다. 갑자기 죽을 수도 있고, 병에 걸려 집무를 하지 못하게 될 수도 있다. 전쟁과 같은 극단적인 상황이 벌어져 적군의 포로로 잡힐 수도 있는 것이다.[4] 이때 리더의 빈자리가 곧바로 채워지지 않으면 조직은 위기를 맞게 된다. 리더의 부재는 결정과 책임의 부재를 의미하기 때문이다. 리더의 자리를 차지하기 위한 권력 투쟁이 벌어지고 구성원들의 불안이 가중되는 문제도 있다. 후계자를 미리 정해서 준비시켜 놓는 것은 그래서이다.

이와 관련하여 유명한 사례가 있다. 1996년 4월 보스니아로 향하던 미국 사절단의 비행기가 추락하면서 론 브라운(Ron Brown) 상무 장관을 비롯하여 벡텔과 ABB 등 주요 기업의 CEO들이 목숨을 잃자, 승계 준비가 안 된 해당 기업들은 이후 상당 기간 경영상의 어려움을 겪었다. 반면 후계자가 마련되어 있던 회사 포스터 휠러(Foster Wheeler)는 난국을 거뜬히 헤쳐 나간다. 2004년의 맥도날드도 모범적인 모습을 보여 주었는데, 짐 캔탈루포(Jim Cantalupo) 회장이 심장 마비로 급서하자 맥도날드 이사회는 단 2시간 만에 최고 운영 책임자(COO)인 찰리 벨(Charlie Bell)을 새로운 CEO로 선임했다. 짐 캔탈루포 회장이 찰리 벨을 사장 겸 COO로 임명하여 후계자로 준비시켜 놓았기 때문에 가능한 일이었다. 덕분에 맥도날드는 별다른 어려움 없이 조직을 정상적으로 가동하게 된다.

조선의 세자도 바로 이와 같은 역할을 한다. 임금이 승하하면 '보위는 한시라도 비워 둘 수 없다'며 다음 날로 세자가 즉위함으로써 왕권의 단절을 방지한다. 결국 세자는 무슨 일이 생겨도 리더십이 차질 없이 이어질 것임을 대내외에 과시하여 국가의 안전을 도모하는 존재인 것이다. 공동체의 지속 가능성과 미래를 상징

하는 의미도 있다. 세자를 달리 부르는 이름에서도 살펴볼 수 있다. 세자는 '나라의 근본'이라는 의미의 국본(國本), '만일을 위하여 예비한 군주'라는 뜻의 저군(儲君)이라고도 불렸다.

후계자의 자격

그런데 조선의 세자는 중요한 한계를 가지고 있다. 적장자 승계가 원칙[5]이기 때문에 내부 경쟁과 검증이 이루어지지 못한다. 좋은 후계자를 만드는 데 있어서 필요한 두 가지 요소, 최적의 자질을 가진 후계자를 찾는 것, 육성과 교육을 통해 최적의 후계자로 만드는 것 중 전자를 포기해야 하는 것이다. 조선에서 섬세하고 철저한 세자 교육 시스템을 구축한 것은 그 때문이었다. 왕재(王才)가 없다면 왕재를 만들겠다는 것이었다.

하지만 그런데도 불구하고 세자 교육이 실패한다면, 아무리 제왕학 수업을 시켜도 끝내 왕위를 감당할 만한 자질과 능력을 입증하지 못한다면 어떻게 해야 할까? 더군다나 현재의 세자보다 나은 선택지까지 있는 상황이라면 말이다. 물론 그러한 일이 있더라도 기본적으로 조선은 다른 선택을 할 수가 없다. 앞에서도 말했듯이 적장자 승계 원칙 때문이다. 예외라면 태종과 영조 두 임금뿐이었는데,[6] 살인을 일삼고 반역을 의심받은 영조의 아들 사도 세자와 달리 태종의 아들 양녕 대군은 상대적으로 치명적인 하자를 보이지는 않았다. 그런데도 태종은 세자를 폐위시키는 결단을 내린다. 대체 왜였을까?

태종이 생각하기에 부족한 인물이 단지 적장자라는 이유만으로 왕이 된다면 이는 나라와 백성들에게 죄를 짓는 일이었다. 창업의 시대가 끝나고 수성(守成)의 시대를 맞이하는 시점에서 무인의 기질을 가진 양녕 대군은 조선이 필요로 하는 미래 리더상에도 부합하지 않았다. 태종은 충녕 대군을 세자로 책봉하며 네 가지 이유를 제시했는데, 여기에 태종이 생각하는 리더상이 담겨 있다.

"충녕 대군은 천성이 총명하고 민첩하며 자못 학문을 좋아한다. 몹시 추운 날이나 더운 날에도 밤을 지새우며 글을 읽으니 나는 그가 병에 걸릴까 두려워하여 밤에 책 읽는 것을 금지한 바 있다. 그러나 나의 장서를 모두 청하여 가져갔다. 또한 정치의 요체를 알아서 중대사를 처리할 때 내놓는 의견들이 모두 옳고 훌륭했으며, 다른 사람들이 생각하지 못했던 놀라운 것들이었다. 중국 사신을 접대할 때면 말과 행동거지가 두루 예에 부합하였으니, 술을 마시는 것이 비록 무익하나 주인으로서 한 모금의 술도 마실 수 없다면 어찌 사신에게 술을 권하며 마음을 즐겁게 할 수 있겠는가? 충녕 대군은 비록 술을 잘 마시지는 못하지만 적절히 마시고 그칠 줄 안다. 게다가 그 아들 중에는 건강하고 씩씩한 아이가 있다. 이처럼 충녕 대군이 대위를 감당할 만하니 나는 충녕을 세자로 정할 것이다."[7]

태종에 따르면 충녕 대군은 학문에 힘쓰며 자신을 성장시키기 위해 끊임없이 노력하는 인물이다. 국정의 핵심을 파악하는 능력이 뛰어나고 창의적인 사고력을 갖췄으며 외교력도 겸비하고 있다. 명나라와의 외교 관계를 돈독히 하고 국가와 백성을 안정시키며 각종 제도와 문물을 완비해야 하는 과제를 앞둔 시점에서 충녕 대군의 이러한 자질이 조선의 임금이 되기에 보다 어울린다고 판단한 것이다. 건강하고 씩씩한 아들이 있다는 것을 이유로 든 점도 주목된다. 이는 차차기 왕위 승계자까지 준비되어 있다는 뜻으로 국가의 기틀이 공고해지리라는 것도 고려했다는 의미다.

리더는 후계자를 정할 때 반드시 공동체의 미래에 대한 숙고를 병행해야 하는 법이다. 현재의 상황뿐 아니라 앞으로 요구될 과제와 변화할 대내외 환경까지 미리 염두에 두어야 공동체의 앞날을 담보하고 지속 가능성을 높일 수 있다. '조선의 내일'에 적합한 사람을 세자로 책봉한 태종의 결단은 그래서 의미가 있는 것이다.

대체 계획이 아닌 승계 계획

자, 이제 이처럼 훌륭한 자질을 갖춘 왕자를 후계자로 삼았으니 할 일이 끝난 것일까? 여기에서 멈춘다면 유사시를 대비하여 단순히 전임자를 대체할 후임자를 정해 놓는 '대체 계획(replacement plan)'을 마련한 것에 불과하다. 진정으로 리더다운 리더, 모든 리더십 레벨에서 높은 성과를 내는 후계자가 뒤를 이을 수 있도록 '승계 계획(succession plan)'이 마련되어야 한다.

승계 계획이 중요한 것은 리더에게는 연습이 허용되지 않기 때문이다. 왕은 왕위에 오르는 순간에 이미 '준비된 왕'이어야 한다. 따라서 후계자 시절에 각 핵심 임무의 중요 사항을 파악하고 주요 업무를 경험하는 기회를 가질 필요가 있다. 최고 경영자로서 국정의 큰 그림을 그리며 균형 있게 나라를 관리할 수 있는 역량을 배워야 하는 것이다. 실록을 보면 국정 현안을 놓고 왕이 직접 세자를 가르치는 장면이 자주 등장한다. 이 밖에도 정무를 처리할 때 세자를 배석시켜 신하를 파악하고 국정이 돌아가는 것을 배울 수 있는 기회를 마련해 준다. 현장에서 선임자의 생생한 경험을 전달받도록 하는 것이다.

태종이 충녕 대군을 세자로 책봉한 지 두 달 만에 양위하고[5] 상왕으로 물러난 것도 같은 맥락에서 이해할 수 있다. 겉으로는 "18년간 호랑이 등을 탔으니 이제는 쉬고 싶다."라고 말하지만 자신이 계속 관장하겠다고 밝힌 병권(兵權)을 비롯하여 인사권, 국가의 중대사들에도 계속 개입했다. 이는 권력에 대한 미련이 남아서가 아니라 승계 계획을 수행하기 위해서였다. 그간 충녕 대군은 일반 왕자의 신분이었으므로 왕이 되기 위한 교육을 받은 적이 없었다. 그렇다고 그 교육을 처음부터 시키기에는 시간이 부족했다. 태종이 이미 노쇠해 있어서 언제 죽을지 모르는 상황이었기 때문이다. 이에 태종은 충녕 대군이 세자로서 교육을 받고 국정을 참관하게 하기 보다는 아예 곧바로 임금으로 즉위시킴으로써 직접 책임을 지고 정무를 맡아보게 한 것이다. 덕분에 세종은 전임 리더인 태종의 지도를 받으며 실질적이고 구체적인 실무 경험을 쌓을 수 있었다. 물론 하늘 아래 태양이 둘이나 존재하게 되고 권력이 양분된다는 점에서 문제가 없진 않았지만, 양자 간의 신뢰와 적절한 역할 분담이 담보된다면 장점이 많은 구도다. 후임 리더의 가장 좋은 스승이 되어 줄 수 있는 사람은 다름 아닌 전임 리더이기 때문이다.

아울러 승계 계획은 후임자 개인을 교육시키는 것에만 그치지 않는다. 후임자가 마음껏 일할 수 있는 환경을 만들어 주는 것도 계획의 일환이다. 이는 전임자가 후계자에게 주는 소중한 선물이기도 하다.

태종은 특히 두 가지 사항에 마음을 썼다. 첫 번째는 왕권을 제약할 수 있는 요소를 제거한 것이다. 그는 공신들을 무력화하고 세종의 장인인 심온을 제거하는 등 유래 없는 외척 숙청을 단행했다. 권신과 외척의 위세가 세종이 왕권을 행사하는 데에 걸림돌이 되지 않도록 사전 정지 작업을 한 것이다. 양녕 대군을 광주로 유폐하고 양녕 대군을 지지했던 세력을 몰락시킨 것도 그래서였다. 방법이 숙청밖에 없었는지에 대해서는 이론이 있을 수 있겠지만 어쨌든 덕분에 세종은 수월한 환경 속에서 임금으로서 통치에 나설 수가 있었다.

다음으로 태종은 세종의 시대를 보좌할 대신들을 안배했다.

세종 대의 명재상으로 꼽히는 황희, 맹사성, 허조, 신개 등은 모두 태종이 발탁해 전문 분야별로 키운 인물들이다. 황희는 총괄, 허조는 인사, 맹사성은 예악, 신개는 제도 분야의 전문가인 식이다. 세종의 싱크 탱크(think tank)인 집현전을 초기에 이끌어 준 것도 태종의 측근인 박은이었다.[9] 태종은 황희를 귀양 보냈다가 세종으로 하여금 다시 등용하게 하는 등 세종이 이들을 효율적으로 활용할 수 있도록 했는데, 이처럼 승계 계획에서는 리더 당사자의 승계뿐 아니라 리더가 된 후 함께 팀을 구축해 일할 핵심 멤버들의 승계도 동시에 이루어져야 한다. 삼정승 육조 판서, 기업으로 따지면 최고 재무 책임자(CFO), 최고 인사 책임자(CHO), 최고 보안 책임자(CSO), 최고 정보 책임자(CIO), 최고 운영 책임자(COO) 등을 담당할 후보군이 함께 준비되어야 후계자가 보위에 올랐을 때 신속히 조직을 장악하고 차질 없이 업무를 수행할 수 있는 것이다.

지금까지 살펴본 충녕 대군과 태종의 사례는 비단 기업을 자식에게 물려주는 오너 경영 체제에서 뿐 아니라 모든 후계자 승계 프로그램에서 참고할 만하다. 주지하다시피 리더의 교체는 조직의 운명에 큰 영향을 미친다. 아무리 시스템이 완성 단계에 이른 조직이라 할지라도 리더 개인의 카리스마와 성향, 리더십에 따라 조직의 비전, 전략, 제도, 문화가 달라지곤 한다. 해당 조직의 성과와 경쟁력, 생존 가능성도 이와 떼려야 뗄 수가 없다.

따라서 체계적인 승계 프로그램을 마련해서 가동하지는 못한다고 하더라도 최소한 태종이 보여 준 조건들만큼은 충족시켜야 한다. 조직의 가치를 실현할 수 있고 조직의 미래를 담당할 수 있는 인재를 후계자로 삼아야 하고, 자질과 능력이 부족하다면 과감히 결단해 교체할 수도 있어야 하는 것이다. 또한 후계자가 정해지면 다양한 경험과 교육의 기회를 마련함으로써 리더로서의 역량을 키워주는 데에 집중해야 한다. 후계자가 능력을 발휘할 수 있는 환경을 만들어 주고 함께 일할 수 있는 인재들을 제공해 주는 일도 중요하다. 이러한 것들이 물 흐르듯 유기적으로 연결되었기에 세종이라는 탁월한 후계자가 탄생한 것이다. "승계는 이벤트가 아니라 프로세스다.(Succession is a process, not an event.)"라는 격언이 충실히 구현된 경우라 할 수 있다.

note 18
조선의 세자

"세자는 왕위를 이어 종묘의 제기를 맡아보는 사람[主器]으로 서 장차 나라를 책임져야 한다. 지금 나이가 스물이 넘었고 경 전과 역사서를 고루 읽었으며 의지와 기개가 왕성하여 가히 일을 할 수 있는 때이다. 그러므로 서무를 맡겨 직접 결단하게 할 것이다."[1]

세종은 세자가 성년이 되자 외교, 국방, 인사, 형벌을 제외한 일상적인 정무를 위임하였다. 신하들이 권력의 분산을 우려하고, 지금도 임금이 정사를 볼 때 세자가 배석하고 있으니 그것만으로 충분하지 않겠냐며 반대하자 세종은 이렇게 말한다.

"대저 눈과 귀로 보고 듣는 것은 몸으로 직접 겪어 보는 것만 못하다. 세자가 이를 통해 국정을 예습하며 재량하여 결정하는 일에 익숙해진다면 어찌 유익한 일이 아니겠는가?"[2]

세자가 직접 업무를 경험해 봐야 나중에 왕이 되었을 때 시행착오를 줄이고 정치를 잘해 나갈 수 있으리라는 것이다. 이에 세종은 첨사원(詹事院)이라는 공식 기구를 설립하여 세자를 보좌하게 하였다.[3]

세자는 왕의 후계자로서 흔히 '저부(儲副)', '저이(儲貳)', '저군(儲君)' 등의 이름으로 불렸다. 만약을 대비하여 마련해 둔, 임금에 버금가는 자리라는 뜻이다. 세자의 궁극적인 책무는 기업(基業)을 계승하여 미래에도 왕조가 번영할 수 있도록 만드는 것이지만, 우선은 리더십 공백을 방지하는 데에 그 역할이 있었다. 왕의 유고가 발생하더라도 세자가 차질 없이 국정을 수행할 것이라는 믿음, 왕조가 혼란 없이 이어질 것이라는 신뢰를 주기 위해서다.

적장자 승계의 장단점

그렇다면 세자는 누가 되는가? 다시 말해서 왕위를 계승하는 사람은 누구인가? 원래 유교의 이념대로라면 임금은 나라 안에서 가장 뛰어난 사람이 맡아야 한다.[4] 후계자를 결정하는 기준도 마찬가지이다. 중국 역사상 최고의 성군(聖君)으로 손꼽히는 요임금이 그의 아들인 단주가 아니라 순임금에게 보위를 물려준 것도 그래서였다. 요임금은 "천하가 손해를 보게 하면서 한 사람만 이롭게 할 수는 없다."라고 하였는데, 순이 임금이 되면 단주 한 사람만 손해를 보고 천하가 모두 이롭지만, 단주가 임금이 되면 단주 한 사람만 이롭고 천하가 모두 손해를 보게 된다는 것이다.[5] 하지만 왕위를 자식에게 전하는 세습 군주제가 정착되면서 이 원칙은 더 이상 지켜지지 않았다. 장남이 가문의 대를 잇는다는 종법(宗法)과 정치적 안정성을 확보하기 위한 현실적인 목적이 결합되면서 적장자 승계 제도가 세워졌다. 정실 왕비의 소생 중 맏이가 세자가 되고, 적자가 없거나 자질이 현저하게 부족한 때와 같이 부득이한 경우에 한해서만 '입장(立長)'[6], '입현(立賢)'[7]의 기준이 적용되었다. 중종 때의 문신 김극핍의 설명을 보자.

"무릇 적자를 세우는 것은 당연한 도리이고 나이 많은 사람이나 어진 이를 세우는 것은 권도(權道)입니다. 민심과 물정이 향하는 바를 살펴야 합니다."[8]

민심과 형편에 따라 어쩔 수 없는 경우를 제외하면 적자가 세자가 되는 것이 마땅한 도리라는 것이다.

이러한 적장자 승계는 후계 싸움을 원천적으로 차단하고, 안정적인 왕위 계승이 이루어지도록 하며, 리더십의 예측 가능성을 높인다는 점에서 장점을 가지고 있다. 그러나 왕이 되기에 부적합한 인물이 단지 적장자라는 이유로 세자가 된다면 공동체에 큰 해

악을 가져올 수밖에 없다. 선택지가 하나밖에 없다는 점도 문제다. 무조건 적장자를 세자로 세우게 되면, 후보자들 간의 건전한 경쟁을 통해 역량을 높일 수 있는 기회가 사라진다. 경쟁에 따른 긴장감이 없으니 적장자 역시 자기 계발에 소홀해질 것이다. 임금의 입장에서도 비교를 통해 보다 나은 후계자를 고를 수가 없게 된다.

이와 같은 단점을 극복하기 위해 조선에서는 체계적이고 심도 있는 세자 교육을 실시했다. 세자로 책봉되었을 당시에는 비록 최고의 후계자가 아니더라도, 왕이 되었을 때에는 최고의 후계자가 되어 있도록 만들겠다는 것이다. 하지만 연산군도 세자 교육을 오랜 기간, 정석대로 받은 대표적인 인물이라는 점에서도 알 수 있듯이 이는 근본적인 해결책이 될 수 없었다. 따라서 적장자로 세자가 된 사람이라도 끝내 보위를 이을 자격을 갖추지 못한다면 교체할 수 있다는 메시지가 필요하다. 앞 장에서 소개한 태종의 사례처럼 말이다. 태종은 적장자인 양녕 대군을 폐위하고 셋째 아들인 충녕 대군을 세자로 삼았다. 영조의 사례도 유사한데, 영조는 유일한 아들이었던 사도 세자를 죽이고 손자인 정조에게 왕위를 넘겼다. 각기 정치적 상황과 교체의 이유는 달랐지만 더욱 나은 자질과 능력을 갖춘 후계자를 선택하겠다는 의지에서였다.

물론 태종과 영조의 방식이 일반화되었던 것은 아니다. 조선을 통틀어 자신이 세운 세자를 스스로 교체한 것은 오로지 이 두 임금뿐이었다. 다만 적장자인 세자라 하더라도 잘못을 저지르거

나 발전하고자 노력하지 않으면 폐위될 수도 있다는 전례를 만듦
으로써 긴장을 불러일으키는 효과를 가져왔다.

세자는 어떻게 세자다워지는가?

그런데 설령 훌륭한 자질과 능력을 갖춘 세자가 있다고 하더
라도 곧바로 뛰어난 리더십을 발휘하기란 힘들다. 지식과 안목,
경험이 부족하고 국정 전반에 대한 파악도 되어 있지 않다. 충분
한 시간과 교육이 필요한 것이다.

이런 의미에서 주목할 것이 '세자시강원(世子侍講院)'이다. 세
자에 대한 유교 경서 교육과 덕성 증진을 담당했던 시강원은 영
의정 등 2품 이상의 고위급 대신이 겸임하는 직책[9]과 정3품∼정
7품의 전임(專任) 문관으로 구성된다.[10] 이들은 일차적으로 서연
(書筵)을 통해 세자의 공부를 돕는 것이 임무지만, 세자에게 국정
을 알려주고, 세자의 인재 풀 역할을 하는 목적도 있다. 요즘에야
CEO가 재무, 마케팅과 영업, R&D, 생산 등 핵심 분야의 실무를
골고루 경험하고, 대통령과 같은 국가 지도자도 정당, 국회, 행정
부 경험을 쌓고 올라가지만 왕조의 세자는 직접 직무를 익힐 기회
가 없다. 선임자인 임금이 집무를 볼 때 세자를 배석시켜 놓고 국
정을 배울 수 있게 해 준다고 해도 한계가 있다. 그러므로 오랜 정
치, 행정 경험을 가진 정승과 판서가 세자의 스승이 되어 국가의
주요 현안을 가르쳐 주는 것이고, 세자가 전체를 조망하며 균형
있는 안목을 기를 수 있도록 보좌하는 것이다. 또한 시강원에는

조야에서 두루 인정받는 학자와 촉망받는 젊은 문관들이 배치된다.[11] 이들이 세자와 함께 학문을 도야하고 성장하면서 미래의 정승이 되고 판서가 되는 것이다. 세자가 시강원을 연결 고리로 조정의 주요 직위를 맡고 있는 대신들을 파악하고 인재를 찾아냄으로써, 임금이 되었을 때 신속히 조직을 장악할 수 있도록 하는 효과도 있었다.

물론 이것만으로는 충분하지 않다. 대부분의 세자는 태어나면서 죽을 때까지 궁궐 안에서 자라고 생활한다. 가장 중요한 정책 현장, 즉 백성들의 삶을 이해하기 어려운 여건이었다. 임금이 된 후 각 지역에 어사를 파견하고 능행과 순문(巡問)[12]을 통해 백성과의 소통을 시도하더라도, 일회성에 그치기 쉽다. 이어서 소개하는 세조의 조치는 그 같은 문제의식에서 나온 것이다.

1464년(세조 10년) 세조는 궁궐 밖에 집을 지어 세자를 거주하게 하면서 자유롭게 민생을 살피고 사람들을 만나도록 했다.[13] 세조는 이렇게 말했다.

"깊은 궁궐 가운데에 나서 부인(婦人)의 손에 자란다는 말이 있는데, 세자를 교양함에 있어서 이와 같이 하는 것은 옳지 않다. 세자가 이미 성장했고 내가 가르칠 만한 것도 다하였으니, 대군청(大君廳) 북쪽에 한 채의 집을 지어 세자로 하여금 여기에 나가 있게 하고자 한다. 주공(周公)[14]이 말하기를 '먼저 곡식 농사의 어려움을 알아야 한다.'라고 하였다. 세자로 하여금 백성의 삶을 알게 해야 한다."

책상 위에서 이론으로만 배우는 업무는 한계가 있다. 임금으로서 제대로 역할을 다할 수 있도록, 임금이 최우선으로 삼아야 할 현장을 직접 찾아 배우게 한 것이다.

이 밖에 세자가 국정을 맡아 보는 '대리청정(代理聽政)'도 중요한 기제였다. 본래 대리청정은 임금이 노쇠하거나 병으로 인해 정무를 볼 수 없을 때 도입되는 임시 체제다. 외교, 군사 등 국가의 중대사를 제외한 일상 업무를 세자가 대신 담당한다. 왕들은 이 제도를 세자의 능력을 점검하고 왕의 역할을 훈련시키는 수단으로 활용했다. 순조가 아들 효명 세자에게 대리청정을 지시하며 내린 비망기를 보자.

"세자가 총명하고 영리하며 나이도 장성하였으니, 열성조(列聖朝)께서 대리청정한 일을 본받고자 한다. 이는 노고를 분담하여 과인이 몸을 조섭할 수 있도록 돕고, 세자에게는 치도(治道)를 통달하게 하려는 뜻이니, 종사와 생민의 복이 될 것이다."[15]

몸이 아파서 업무 부담을 줄이는 김에 세자가 치도를 배울 수 있는 기회를 부여하겠다는 것이다. 자신이 바람막이가 되어 주면서 세자가 임금으로서의 일들을 직접 처리해 보게 하겠다는 것이다. 이는 장차 세자가 임금이 되어 나라를 다스릴 왕조의 미래를 대비하는 것이기 때문에, 종묘사직과 백성에게도 도움이 된다는 것이 순조의 판단이었다. 세자로서도 대리청정을 성공적으로 수행해 내야 차기 왕으로서의 능력을 증명하는 것이므로, 부단히 정진하는 동인(動因)으로 작용하게 된다.

이상으로 세자를 세자답게 만들기 위한 노력에 대해서 살펴보았는데, 가장 중요한 전제가 남아 있다. 세자에게 요구된 제일의 가치는 도덕성이다. 학문과 수양을 통해 도덕적 인격체를 완성하는 것이 최우선의 목표였다. 얼핏 추상적으로 느껴지기도 하지만, 임금이 온갖 사무를 처리하고 끊임없이 변화하는 상황에 능동적으로 대응하기 위해서는 주체적 자아를 확립하는 것이 우선이다. 공동체를 위해 올바른 선택을 하고, 적절한 결정을 내리기 위해서는 자신의 내면에 도덕적 가치 기준이 확고하게 자리 잡아야 한다. 더욱이 임금은 만인의 모범으로서 구성원을 격려하고 계도해야 할 책임이 있다. 그렇기 때문에 도덕성의 확보가 무엇보다 중요한 과제가 되는 것이다. 제임스 번스(James MacGregor Burns)가 '변혁적 리더십' 이론에서 조직의 혁신과 따르는 이들의 자발적 변화를 이끌어 내기 위해서는 리더의 도덕성이 중요하다고 강조하는 것에서도 볼 수 있듯이, 현대 경영학에서도 중요한 주제라는 점에서 참고할 부분이다.

이처럼 조선에서는 경쟁이나 능력 검증을 거치지 않고 출신

성분에 따라 책봉된 세자가 왕위 계승자로서의 자격을 갖출 수 있도록, 세심한 프로세스를 구축하고 많은 시간과 노력을 할애했다. 왕이라는 자리가 요구하는 조건을 충족하고 경험을 쌓을 수 있도록 전문 육성 기관인 시강원을 설치하여 세자를 훈련시켰고, 그렇게 육성된 결과를 피드백하고 지도함으로써 세자의 능력을 함양시켰다. 덕분에 리더십 수요 관점에서 정의된 수준과 리더십 공급 관점에서 제출된 후보자의 자질 간의 격차는 신속히 좁혀질 수 있었다. 후계자 없이 왕이 승하하고, 정변이 일어나는 등 일부 예외적인 사례가 없는 것은 아니지만, 중국이나 우리나라의 다른 어떤 왕조에 비해서도 안정적인 왕위 승계가 이루어졌고, 왕의 자질 논란이 거의 거론되지 않았던 것은 그 덕분이다. 물론 왕조 시대의 왕위 승계 프로세스를 현대 사회에 그대로 적용할 필요는 없겠지만, 후보자의 한계를 보완하기 위한 다각도의 육성책을 마련했다는 점, 돌발적인 상황에 대비하여 승계 계획을 상시 운용했다는 점에서는 오늘날에도 교훈을 주는 바가 있을 것이다.

note 19
강희맹의 상소

"이 세상에 완벽한 재능을 가진 사람은 없습니다. 하지만 적합한 자리에 기용한다면 누구라도 능력을 발휘할 수 있습니다. 대저 모든 일을 다 해낼 수 있는 사람은 없는 법이니, 단점을 버리고 장점을 취하소서. 그리되면 탐욕스러운 사람이나 청렴한 사람이나 모두 부릴 수 있을 것입니다. 만일 결점만 지적하고 허물만 적발한다면 현명하고 유능한 사람이라도 벗어날 수 없습니다."[1]

1447년(세종 29년)에 강희맹(姜希孟, 1424~1483)은 "인재를 등용하고 인재를 양성하며 인재를 분별하는 방법은 무엇인가?"라는 세종의 책문에 이렇게 답했다. 장점을 살리고 단점은 고쳐 주면서 인재의 자질과 특성에 맞게 적재적소에 배치해야 한다는 것이다. 그는 이 답안에서 인사(人事)에 대한 탁월한 식견과 대책을 제시함으로써 장원으로 뽑혔다. 이후 강희맹은 요직을 두루 역임하며 왕들의 총애를 받았는데[2] 인사 업무를 오랜 기간 맡으면서 많은 인재들을 발탁했다. 특히 이조 판서 시절인 1478년(성종 9년) 올린 상소[3]에는 최고 인사 책임자(CHO)로서 그의 생각과 고민이 잘 담겨 있다.

> "생각건대 예로부터 전형(銓衡)의 임무는 참으로 어려운 것이었습니다. 어리석은 사람이 지혜로운 사람처럼 보이고 간사한 사람이 정직한 사람처럼 보입니다. 속은 돌과 같으면서도 겉은 옥처럼 보이고 양의 바탕에 호랑이의 가죽을 쓰는 등, 천차만별의 사람들이 있어 서로 같지가 않습니다. 그리하여 제왕이 스스로 전형을 맡지 않고 반드시 담당 관청을 두어 일을 맡겨 왔으니 이것이 어찌 임금의 지혜가 부족해서였겠습니까? 임금 혼자서 사람을 고루 안다는 것이 진실로 어렵기 때문입니다."

요즘도 입시 전형, 전형 위원이라는 말이 쓰이곤 하는데, 여기서 '전형'이란 조선 시대 문관의 인사를 책임졌던 이조(吏曹)와 무관의 인사를 담당했던 병조(兵曹)의 관직을 가리킨다. '저울질하다', '무게를 재다'라는 한자의 뜻대로 인재 역시 차분히 저울질하여 그 무게를 가늠해야 한다는 의미를 가지고 있다.

무릇 인재란 그냥 한번 본다고 알아볼 수 있는 것이 아니다. 겉으로 보이는 모습에 속지 않고 인재의 능력과 자질을 제대로 파악하기 위해서는 인재를 감별하는 안목뿐 아니라 세밀한 검증이 뒤따라야 한다. 더구나 한 나라를 운영하기 위해서는 수백, 수천 명의 인재가 필요하다. 왕 혼자서 일일이 찾아 등용할 수 있는 수준이 아니므로, 인사를 전담하는 부서인 전조(銓曹)[4]와 인사 담당자인 전관(銓官)을 따로 두어 온 것이다.

하지만 그런데도 불구하고 인사 업무가 잘 돌아가지 않는 이유는 무엇일까? 왜 늘 인재가 부족하고, 인재를 적재적소에 배치하지 못해 사장시켜 버리는 것일까? 인사 분야에 탁월한 사람을 뽑아 임무를 맡기더라도 '처음에는 부지런하고 나중에는 게을러지는 것이 인지상정'이기 때문이다. 어떤 사람이든 처음 임명되었을 때에는 부지런하고 철저하게 일을 처리하지만 점차 흐트러지고 방심한다는 것이다. 강희맹은 다음과 같이 말했다.

"사람이 큰 권병(權柄)[5]을 잡으면 누구인들 근본을 청명하게 하고 한결같게 원칙을 지키려 하지 않겠습니까? 그러나 처음에는 삼가다가 중간에 익숙해지고, 중간에 익숙해지면 습관이 생겨납니다. 습관이 생기면 모든 하는 일이 점점 처음과 같지 않게 되는 것이니 실로 소홀히 여길 문제가 아닙니다."

누구나 처음 업무를 맡았을 때는 긴장한다. 혹시라도 놓치는 부분이 없는지 조심하고 하나하나 신중하게 처리한다. 하지만 어느 정도 능숙해지고 나면 방심하는 것이 또한 사람이다. 자신감이 나태함을 부르면서 실수나 착오도 늘어나게 된다. 강희맹도 병조 판서 시절 이렇게 고백한 바 있다.

"단 한 사람을 뽑더라도 반드시 적임자인지 아닌지를 세 번 살핀 뒤에 주의(注擬)[6]하였으며, 털끝만큼이라도 잘못 주의했다는 나무람이 있을까 두려워하였지만, 두어 달이 지난 후에는 점차 관례에 익숙해져서 명부를 비스듬히 한 번 흘겨보고 주의하였으니 얼핏 유능한 것처럼 보이나 실상은 일에 익숙해져 마음을 제대로 쓰지 않은 것이었다."

이에 강희맹은 인사를 총괄하는 이조 판서의 경우, "1년을 기한으로 하여 '처음에는 잘하지 않는 자가 없다'는 것을 취하고 '끝까지 잘하는 자는 드물다'는 것에 이르지 않게 하는 것이 어떻겠습니까?"라고 건의한다. 끝까지 업무 긴장감을 유지하도록 재임 기간을 1년으로 제한하자는 것이다. 인사 업무의 전문성이나 연속성이라는 측면에서 보자면 반론의 여지가 있겠지만, 매너리즘에 빠지지 않고 해당 업무에 집중하게 하자는 취지만큼은 오늘날의 인사 경영에서도 유효할 것이다.

틀에 얽매이지 말라

강희맹은 승진 시스템의 문제점도 지적했다.

"옛말에 이르기를 어진 이를 천거하면 가장 큰 상을 받고 어진 이를 가로막으면 죽음의 형벌을 받는다고 하였습니다. 인재를 심사하여 알맞은 자리에 배정하는 일의 엄중함이 이와도 같습니다. 그러나 신은 이조 판서의 임무를 맡은 지난 30여 개월 동안 한 사람의 어진이도 천거하지 못했습니다. 오로지 문부(文簿, 서류)에 의지하여 성적을 살폈고 재직 연수에 따라 승진의 차례를 정했을 뿐, 마음속으로 어진 이를 알고 있더라도 자격 연한을 채우지 못했으면 손을 휘저으며 포기하였습니다. 어떤 이가 가진 용렬함을 알고 있더라도 임기를 채웠으면 전례에 따라 승진시켜 관직을 제수하였습니다. 물고기를 꼬챙이에 꿰어 놓듯, 비늘처럼 차례를 벌여 놓듯 하여 어진 이와 어리석은 이가 뒤섞여 지체되고 있으니 이 어찌 사람을 전형하여 올바로 쓴 것이겠습니까?"

인물의 능력이나 업무 적합성을 고려하지 않고, 그저 연공서열에 따라 등용하고 승진시키다 보니 인사가 제대로 이루어지지 못했다는 것이다. 이는 일차적으로 인사 책임자인 자신의 잘못이지만, 인사와 관련한 "법률과 규정이 그와 같아서 변통(變通)할 방법이 없으니, 혹시라도 변통하려 들면 사사로움을 행한 것이 되어

나아갈 수도 물러날 수도 없어 어찌 해야 할지 알 수 없는 이유"도
있다. 훌륭한 인재가 있어서 파격적으로 발탁하고 승진시키고 싶
어도 규정에 위배되는 데다가 인사권을 사사로이 휘두른다는 비
판을 받게 된다는 것이다. 반대로 무능하고 문제가 있는 사람이라
도 중대한 잘못이 없는 한 일정 기간을 채우면 승진시켜야 하니,
도태시키거나 솎아 낼 방법이 없다는 것이다.

　물론 인사의 기준이나 승진의 자격 요건 등을 객관적으로 정
해 놓을 필요가 있다. 인사가 절차에 따라 공정하고 투명하게 이
루어진다는 신뢰를 주어야 인사 불만을 해소하고 조직의 역량을
결집할 수 있다. 내가 언제쯤 승진할지, 어떻게 해야 승진할 수 있
는지에 대한 예측도 가능해진다. 다만, 그 매뉴얼이 폐쇄적이고
수동적인 '절대 불변의 지침'으로 굳어져서는 안 된다. 개방성과
융통성을 갖춰야 외부의 인재를 유치하고 내부의 인재를 독려할
수 있다. 뛰어난 역량과 잠재력을 가졌지만 과거 시험을 보지 않
고, 관직 생활을 해 본적이 없다는 이유로 거부되는 경우가 얼마
나 많았는가? 가문이 한미하여 말단 관직을 전전하다가 사장되어
버린 사례는 또 얼마나 많았는가?
　강희맹이 상소에서 인사 규정의 개정을 요청한 것은 바로 그
래서이다. 강희맹은 인사 책임자인 이조 판서나 병조 판서가 필요
할 경우 관례에서 벗어난 파격적인 인사를 단행할 수 있어야 한
다고 주장했다. 그 과정이 특정인의 이해관계나 호불호에 따라 사

사롭게 운용되지 않도록 엄격하게 관리하면 되는 것이지 그 자체를 막아서는 안 된다는 것이다. 인사에서 중요한 것은 얼마나 오래 근무했느냐가 아니라 그 자리에 오를 만한 자격이 되는가, 그 임무를 잘해 낼 수 있는 적임자인가이기 때문이다. 지금도 여전히 되새겨야 할 부분이다.

note 20
극한 환경에서의 인재 육성

"백성을 교화하여 풍속을 이루려면 반드시 학교를 통하여야 한다. 요즈음 성균관에서 힘써 가르치고 깨우치지 않아서 여러 생도가 학업을 버리고 있으며, 심지어 매달 두 번 성현께 올리는 제사에도 다른 일을 핑계 대며 참여하지 않으니, 이는 선왕(先王)의 전례에 어긋나는 일이다."[1]

오늘날 사용하는 의미와는 다소 다르지만 유학(儒學)에서 '인적 자원 개발(human resource development)'은 유학이 존재하는 의미라고 할 수 있을 정도로 중요한 과업이었다. 모든 사람은 하늘로부터 동일한 본성을 부여받고 태어나지만 각자가 가진 기질의 차이로 인해 그 본성을 온전하게 구현하지 못한다. 따라서 교화(敎化)를 통해 올바른 방향으로 이끌어 줌으로써 자신 안에 천성(天性)을 남김없이 발현하게 해야 한다는 것이 유학의 핵심 이념이다. 1600여 년 전부터 국가 차원의 고등 교육 기관을 설립[2]하여 인재 양성에 주력한 것도 바로 이 교화의 완수에 목표를 두고 있었다. 육성한 인재들이 백성을 교화하여 세상을 아름답게 변화시켜 나가도록 만들겠다는 것이다. 이러한 목표는 통일 신라의 국학(國學), 고려의 국자감(國子監)과 성균관(成均館), 다시 조선의 성균관으로 이어지며 변함없이 계승되어 왔다.

일찍이 주자(朱子)는 「대학장구서(大學章句序)」[3]에서 학교가 잘 운영되면 자연히 좋은 정치가 펼쳐지고 나라도 융성해진다고 선언했다. 사람들에게 각자가 가진 역량과 자질을 깨닫게 하고, "이치를 궁구하고 마음을 바르게 하며 자신을 수양하고 세상을 다스리는 도[窮理正心修己治人之道]"를 가르치면 그것이 자연스럽게 외부로 확장된다는 것이다. 이는 개인의 계발이 고도의 정합성을 가지고 가족과 사회, 국가의 발전으로 이어지는 '격물(格物)-치지(致知)-성의(誠意)-정심(正心)-수신(修身)-제가(齊家)-치국(治國)-평천하(平天下)'의 구조를 통해 이론적으로 뒷받침되었다.

물론 이것은 이상에 가깝다. 실제의 인재 교육은 국정 운영과 행정 실무를 담당할 인적 자원을 공급하는 데에 치중되었다. 학교는 체제 유지를 위해 활용되곤 했다. 그렇더라도 공동체를 올바로 다스리고 구성원을 성장시키기 위해서는 교육이 필수이며, 특히 구성원의 내적 역량을 최대로 만드는 것이 중요하다는 인식만큼은 확고했다. 이와 같은 기조는 위기나 혼란 상황일수록 더욱 강해졌는데, 하늘이 인간에게 부여해 준 본성은 곧 우주 만물의 이치[理]와 합일하는 만큼, 온전하게 발현될 수만 있다면 어떤 변화에도 문제없이 대응할 수 있다고 생각했기 때문이다. 대내외의 환경이 급변하여 불확실성이 가중되고, 기존의 가치관이 전도되며, 새로운 질서가 도래하는 시기일수록 무엇보다 인재 육성에 집중했던 것은 그래서이다.

그런데 이와 같은 노력이 언제나 성공하고 뜻대로 진행되었던 것만은 아니다. 역사의 길목마다 리더들은 시대적 과제를 담당하고 개혁의 동력이 되어 줄 인재를 키워 내고자 했지만 여러 가지 요인들로 인해 실패하는 경우가 많았다. 기존의 질서가 흔들리고 미래가 불투명할수록, 경험한 적이 없고 예상하지 못했던 변수들이 닥칠수록 더욱 힘겨운 싸움을 벌여야 했다. 이번 장에서는 그 대표적인 사례라 할 수 있는 여말 선초와 개화기를 검토할 것이다. 우리 역사의 거대한 전환기였던 이 시기에 선조들이 행했던 인재 경영을 복기함으로써 극단적인 불확실성 속에서 또 다른 전환을 맞고 있는 오늘을 위한 시사점을 얻고자 한다.

여말 선초, 성균관의 비전

역사를 돌이켜 보면 변화가 없었던 시대는 존재하지 않았지만 그중에서도 비교할 수 없을 정도로 큰 변동이 찾아오는 시기가 있다. 공동체 내부의 모순이 심화되고 기존 질서가 한계에 봉착하면서 치란성쇠(治亂盛衰)[4]의 분기점을 맞이하는 것이다. 국제 질서의 변화, 소빙하기 같은 이상 기후나 천재지변, 기술과 사상의 진보도 역사의 변동을 이끌어 낸다. 여러 요인이 한 번에 밀려와 복합적으로 작용할 때도 있다. 이러한 전환은 새로운 환경을 만들어 내고 새로운 게임의 법칙을 요구한다는 점에서 낯설게 다가온다. 걸어 본 적이 없는 길을 가야 한다는 불안감, 미래를 예측할 수 없는 두려움, 더욱이 변화의 크기와 방향이 사람들의 상상력을 넘어선다는 점에서 혼란이 가중된다. 하지만 그럼에도 불구하고 능동적으로 대응하며 용감하게 전진했을 때 새로운 시대가 열리고, 어쩔 줄 몰라 하며 시간을 허비했을 때 큰 대가를 지불하게 된다는 것이 역사가 주는 교훈이다.

그렇다면 여말 선초와 개화기는 어떠했을까? 결국 나라가 망했다는 측면에서 보면 비록 고려는 실패했지만, 이 시기에 고려가 키워 낸 인재들은 대내외의 도전 과제를 해결하고 사회 경제 질서를 혁신하였으며 새로운 가치 이념에 기반을 둔 국가를 건설했다. 이에 비해 개화기 조선이 키워 낸 인재들은 별다른 역할을 하지 못했다. 명확한 비전이 없었을 뿐 아니라 타이밍을 놓쳤고, 이들을 뒷받침해 주어야 할 리더와 지배층도 무능했기 때문이다. 그래서 결국 국권 상실이라는 치욕을 맞이하게 된 것이다.

우선 여말 선초로 가보자. 1367년(고려 공민왕 16년)에 성균관이 중영(重營)되었다. 고려의 최고 학부이자 국학(國學)으로서 성종(成宗) 때 설치된 국자감을 충선왕(忠宣王)이 성균관으로 개칭했고, 공민왕이 국자감으로 다시 바꾸었다가 1362년(공민왕 11년)에 성균관이라는 명칭으로 고정했다. 그런데 중영이라는 말에서도 알 수 있듯이 당시 성균관은 유명무실한 상태였다. "책을 끼고 다니며 글을 읽는 자는 열에 한둘도 안 되고 선배와 노유(老儒)들이 모두 죽어 육경(六經)[5]이 실낱같이 겨우 전해질 뿐이다."라는 안향(安珦)[6]의 말이 여실히 보여 준다.

이는 고려가 거듭된 전쟁과 정치적 혼란을 겪었기 때문이다. 특히 무신 정권기와 몽고의 침입 등을 거치면서 국가 교육은 방치되다시피 했었다. 관리 임용 제도가 문란해진 것도 한몫을 하는데 과거 시험이 부정으로 얼룩지고 음서(蔭敍)[7]와 특채가 만연하다 보니, "벼슬에 오른 자가 급제한 자가 아니고 급제한 자가 국학을 거친 자가 아니게 되어" 사람들은 굳이 국학을 이수하려 들지 않았다. 인재 교육과 관료 충원 시스템이 분리되어 버린 것으로, 이는 곧 관리의 역량 저하로 이어지게 된다. 건전한 경쟁도 이루어지지 않아 국가 전체가 건강함을 잃어버렸다.

공민왕의 성균관 중영은 이러한 상황을 타개하기 위한 시도였다. 두 차례에 걸친 홍건적의 내침과 김용, 덕흥군의 반란 등을 겪으면서 미뤄졌다가 1367년에 마침내 결실을 보게 된 것이다. 공민왕은 이색(李穡, 1328~1396)을 지금의 총장 격인 대사성에 임명하여 성균관 운영을 책임지게 하고 학문과 능력으로 조야의 존경을 두루 받던 김구용(金九容), 정몽주(鄭夢周), 박상충(朴尙衷), 박의중(朴宜中), 이숭인(李崇仁) 등에게 교관을 겸직하도록 했다. 『고려사』에 따르면 "이색이 배움의 법식을 정비하고 매일 명륜당(明倫堂)[8]에 앉아서 경전을 나누어 수업하니 강의가 끝날 때마다 함께 토론하느라 지루함을 잊을 정도"였고, "이 소식을 들은 고려 각지의 젊은 인재들이 모여들어 서로 눈으로 보고 느끼게 되니 정주 성리학(程朱性理學)이 비로소 흥기하게 되었다."라고 한다.[9]

하지만 이런 희망찬 시작에도 불구하고 성균관을 둘러싼 환경은 암울하기만 했다. 신돈의 개혁이 실패했고 점점 무기력해 갔던 공민왕도 시해당했다. 뒤를 이어 보위에 오른 우왕은 폭정을 일삼는다. 권문세족의 발호는 극에 달했으며 이들에게 착취당하는 백성들은 살아갈 의지를 잃었다. 흉년과 기근으로 민생은 파탄이 났지만 국가는 아무런 대응도 하지 못했다. 고려의 국교인 불교도 백성들의 의지처가 되어 주기는커녕 부패와 타락으로 오히려 백성들을 힘들게 만들었다. 왜구도 나라를 위기로 내몰았다.[10] 왜구는 끊임없이 한반도를 노략질해 왔고 14세기 중반 이후부터는 규모와 빈도가 더욱 심해져 한 번에 수백 척이 침입하기도 했다. 왜구가 수도 개경을 위협해 천도가 논의될 정도였다.

원나라와 명나라의 교체가 본격적으로 시작되며 국제 질서도 뒤흔들렸다. 유라시아 대륙에 걸쳐 대제국을 건설했던 몽고가 분열되었고 제국의 중심이었던 원나라도 쇠락의 길을 걸었다. 압도적인 힘이 사라지고 나면 그 여파가 사방에 미치고 새로운 질서를 구축하기 위한 각축이 벌어지는 법이다. 동북아는 말 그대로 격랑에 휩싸이게 된다. '세상이 불확실하다'는 것만 확실할 뿐 어느 것도 확실한 것이 없던 시대였다. 깊은 절망과 혼란의 시대였다.

성균관에 모인 젊은 인재들은 이 같은 극단의 시대와 온몸으로 마주했다. 이들은 치열한 토론과 고민 끝에 '공공성 회복'이라는 기치를 내걸고 이를 실현해 줄 관제 개혁, 토지 개혁, 윤리 개혁의 방안을 제시한다. 그러나 고려는 이들의 개혁 의제를 채택해 주지 못했다. 그것을 지원해 줄 리더십도, 조직의 관심이나 여력도 없었기 때문이다. 결국 인재들의 상당수는 새로운 리더인 이성계를 따르고 고려를 저버리게 된다. 기업이 아무리 인재를 육성하더라도 그 인재들에게 기회를 부여하고, 인재가 역량을 펼칠 수 있는 무대를 제공해 주지 못한다면 아무런 소용이 없는 법이다. 심지어 인재들이 다른 기업으로 이탈하거나 직접 경쟁자가 되는 기업을 창업할 수도 있다. 고려 말 성균관의 인재들이 대거 반(反) 고려의 대열에 선 점은 오늘날의 기업들에게도 시사하는 바가 크다.

그런데 고려의 입장에서는 실패한 것이라고 하더라도 이들이 도출한 의제와 정책이 새로운 문명을 열어 조선 왕조를 창업하는 기틀이 되었고, 조선의 기본 법제가 되었다는 점에서 성균관에서의 인재 육성은 결국 성공했다고 볼 수 있을 것이다. 그 요인은 무엇이었을까? 첫째, 성균관은 선진 문물과 최신 학문을 접할 수 있는 최적의 공간이었다. 원나라는 고려에게 억압과 지배의 상징이기도 했지만 넓은 세상을 만나게 해 주는 매개체였다. 고려의 지식인들은 원나라 유학을 통해 국제적인 시야를 갖추고 세계 각지의 문화를 마음껏 배울 수 있었던 것이다. 고려인들에게 새로운 학문이었던 성리학도 마찬가지다. 안향과 백이정(白頤正), 이제현(李齊賢), 이곡(李穀), 백문보(白文寶), 이인복(李仁復) 등이 원나라에서 성리학을 공부해 고려로 전파했고, 이제현의 제자이자 이곡의 아들인 이색도 원나라에서 성리학을 배웠다. 이색이 남긴 기록을 보면 이제현은 원나라의 수도에서 지내며 대유(大儒)들과 교유하여 "보는 것이 바뀌고 듣는 것이 새로워지는 가운데 자신을 절차탁마하면서 계속 변화시켜 나갔다."[11]라고 한다. 원나라가 지적 성장을 이루게 해 주었다는 것이다. 성균관은 이러한 학자들의 안목과 학문이 계승된 곳으로 고려의 젊은 지식인들은 성균관에서 새로운 눈을 뜰 수 있었다.

둘째, 성균관의 교육 방식이다. 아무리 해외에서 최신 학문을 배워온 스승이 있다고 하더라도 그 전승이 원활하게 이루어지지 않는다면 효과가 없다. 성균관은 학문과 관직 두 분야에서 모두 탁월한 역량을 보여 준 사람을 교관으로 위촉하고 학생들을 집중적으로 지도했다. 정도전의 다음과 같이 술회한다.

"목은 이 선생이 일찍이 가정(稼亭)[12]의 교훈을 이어받고 북으로 중원에 유학하여 올바른 사우(師友)와 연원(淵源)을 얻어 성명(性命), 도덕의 학설을 궁구한 뒤에 귀국하여 여러 선비들을 맞아

다가 가르쳤다. 그래서 그를 보고 흥기한 이가 많았으니, 오천 정 공달가(鄭公達可, 정몽주)와 경산 이공자안(李公子安, 이숭인), 반 양 박공상충(朴公尙衷, 박상충)과 영가 김공경지(金公敬之, 김구용) 와 권공가원(權公可遠, 권근), 무송 윤공소종(尹公紹宗, 윤소종) 들 이며, 나같이 불초한 자도 또한 그분들의 대열에 끼이게 되었다."[13]

이색이 젊은 선비들을 모아 성리학을 가르쳤고, 그 선비들 중 관직에 나아가 능력을 발휘하던 이들이 성균관의 중영과 함께 교 관이 되어 다시 생도들의 교육을 담당했다. 이색과 교관들은 강단 에서 실시하는 정규 수업 외에도 일대일 교육, 토론 등을 마다하 지 않았는데, 예를 들어 김구용의 경우 휴가를 받아 집에 있을 때 에도 질문을 위해 찾아온 생도들을 기꺼이 맞이했다고 한다.[14] 치 국에 나설 인재를 양성하는 성균관은 이론 교육만으로는 그 목적 을 달성하기 힘들다. 성균관은 학문을 현실에 적용하는 노하우를 가진 스승을 배치하고, 그 스승들이 적극적으로 코칭에 나섬으로 써 좋은 결과를 거둘 수 있었던 것이다.

마지막으로 성균관의 운영자들이 가진 미래 비전이다. 아무 리 전환의 시대를 살아간다고 해도 그것이 전환임을 인식하지 못 한다면 사람들은 어떠한 대응도 하지 않는다. 한 치 앞이 보이지 않더라도 방향을 정해 나아가지 않는다면 끝내 길을 잃는다. 앞에 서도 말했다시피 당시 고려는 건국 후 400여 년간 누적되어 온 폐 단이 드러나고 체제가 한계에 봉착하면서 위기를 겪고 있었다. 대 내외적 환경은 위중했고 고려 문명의 지도 이념이었던 불교도 생명력을 상실했다. 공민왕을 비롯한 이색 등 지성들은 이러한 현실을 극복하기 위해 이전과는 다른 대응이 필요하다고 판단했는데 이에 성균관이 전초 기지가 되고 성리학이 이데올로기가 된 것이다.

성리학자들은 고려의 문제점이 일상성과 공공성을 상실한 데에 있다고 진단했다. 초월적이고 출세간적인 불교를 비판하고 일상생활에서의 실천 공부를 확립함으로써 이상과 현실, 진리와 실천이 합일된 사회를 구축하고자 노력한 것은 그 때문이다. 또한 통치자와 국가 체제의 공공성을 강조하며 사회 전반을 일신하고자 했다. 이 과정에서 이성계를 대표로 하는 신흥 무인 세력과 손을 잡았는데[15] 동북면[16]에서 활동했던 이성계는 중앙 정계의 정쟁과 구습에 물들지 않았을 뿐 아니라 고려의 북쪽 국경을 방어하면서 원, 명, 여진족이 각축을 벌였던 힘의 소용돌이를 목도한 인물이었다. 세상이 변하고 있다는 것, 고려가 이대로는 안 된다는 것을 현장에서 직접 체험했던 것이다. 공동체가 극단으로 내몰리던 그때, 이처럼 시대의 변화를 읽은 두 세력이 힘을 합치게 된다.

그런데 불확실성에 대응하는 방법은 두 가지로 갈린다. 개선과 개혁으로 체질을 변화시키는 방법이 있는 한편, 혁명으로 시스템 자체를 아예 리셋(reset)할 수도 있다. 성균관 내부에서 이른바 '온건파' 사대부와 '혁명파' 사대부로 갈린 것도 이에 대한 견해차이 때문인데 후자가 역사의 승자가 되기는 했지만 어느 쪽이 옳다고 판단할 수는 없는 문제다. 다만 불교에서 성리학으로의 사상

전환은 중국에서 이미 시작된 거대한 조류였다. 고려의 건국 이념은 불교였기 때문에 고려라는 체제를 유지하고서는 이를 따라가기 힘든 면이 있었다. 원나라에 대한 사대(事大), 고려의 기득권 세력과 기존 시스템을 바꾼다는 것도 매우 힘든 상황이었다. 따라서 혁명파는 불확실성에 대응하는 것을 넘어 아예 불확실성을 명분으로 새 왕조 건설의 이유를 찾게 된 것이다. 혁신 의제가 도출되더라도 혁신 의제를 실천할 수 없는 환경일 때 기존의 조직이 무너지고 조직 자체가 재설계될 수도 있다는 것을 보여 주는 사례이다.

개화기의 인재 육성 노력과 실패

다음으로 개화기를 살펴보자. 조선 왕조가 건국한 이후 크고 작은 위기가 수없이 닥쳤고 여러 차례 변화가 일어났지만 개화기만큼의 큰 파고는 없었다. 극진히 섬겼던 천자의 나라가 서구 열강의 힘 앞에서 맥없이 무릎을 꿇으면서 중국만이 세상의 전부라고 생각했던 믿음은 산산이 부서졌다. 오랑캐라고 천시했던 일본이 발전한 문물을 앞세워 조선을 위협하는 것도 큰 충격이었다. '영길리(영국)', '법국(프랑스)', '미리견(미국)' 등 존재조차 몰랐던 나라들이 조선으로 밀려왔는데 이들을 통해 전해진 서구의 과학기술은 이제껏 경험해 보지 못한 놀라운 것들이었다. 1883년 미국에 보빙사로 다녀온 민영익(閔泳翊)이 "나는 암흑세계에서 태어나 광명 세계로 들어갔다가 이제 또다시 암흑세계로 되돌아왔다."라고 탄식했을 정도다. 이 때 조선이 접한 철도와 자동차, 거대한 증기 함선, 전화, 전등은 현대의 우리가 처음 스마트폰을 만났을 때 이상의 신세계였다.

이러한 변화를 맞아 조선 내부에서는 교육을 강조하는 움직임이 일어났다. 이것은 현실적인 이유 때문이었다. 일본뿐 아니라 영국, 미국 등 열강이 조선에 통상 교섭을 요청했지만 조선의 관리들은 그 업무를 맡을 최소한의 지식조차 없었기 때문이다. 1882년(고종 19년)에 지석영(池錫永)이 올린 상소를 보자.[17]

"바다 한쪽에 치우쳐 있는 우리나라는 이제까지 외교라고는 해 본 적이 없기 때문에 견문이 넓지 못하고 시국에 어둡습니다. 교린(交隣)[18]하거나 연약(聯約)[19]하는 것이 모두 어떠한 것인지도 모르고 있습니다. 조금이라도 나라 밖의 일에 마음을 쓰는 자를 보기만 하면 대뜸 사교(邪敎)에 물들었다고 지목하며 비방하고 침을 뱉으며 욕합니다. 지금 백성들이 서로 동요하면서 의심하고 시기하는 것은 시세(時勢)를 모르고 있기 때문이니, 백성들이 편안하지 못한데 어찌 나라가 잘 다스려질 수 있겠습니까? ······ 막힌 소견을 열어 주고 시무를 환히 알 수 있도록 각국의 인사들이 저술한 책을 수집하여 정밀히 연구하게 하소서. 각국의 수차(水車), 농기(農器), 직조기(織組機), 화륜기(火輪機), 병기(兵器) 등을 구매하여 그 기술을 터득하게 하소서."

김옥균(金玉均)도 비슷한 건의를 한다.

"오늘 우리 조선국에서 영국이라는 이름을 아는 자가 과연 몇 사람이나 되나이까? 설령 조정에 있는 신하들이라도 영국이 어디에 있느냐고 물으면, 망연히 대답지 못하는 자가 왕왕 있을 것입니다. 이것을 비유하면, 어떤 것이 와서 내 몸뚱이를 물어도 고통을 느끼지 못할 뿐만 아니라, 어떤 것이 나를 무는지조차 모르고 있는 것과 같습니다. 그러니 국가의 존망을 논하는데도 어리석은 사람의 꿈속 이야기와 같은 것은 결코 괴이한 일이 아닙니다. 사태가 이미 이와 같사온데, 폐하께서는 무슨 계획이 있으셔서 망국의 임금이 되는 것을 면코자 하시옵니까? …… 지금 온 세계는 산업을 발전시키며 누가 생산이 많은지를 경쟁하고 있습니다. …… 널리 학교를 세워서 사람들의 지혜를 개발하여 방책으로 삼으소서."[20]

대외 통상과 외교 업무가 중시되는 상황을 맞아 국제적인 지식과 안목을 갖춘 관료를 양성하고, 아울러 서구의 과학 기술을 배우게 함으로써 국가의 식산흥업에 이바지하도록 하자는 것이다. 이러한 변화에 부응하지 못하면 망국으로 이어지게 될 것이라는 경고였다.

고종도 교육의 필요성을 인식했던 것 같다. 고종은 "정치와 교화를 다시 새롭게 하려면 먼저 선입관을 깨 버려야 한다."라며 양반 사대부뿐 아니라 농민, 공인(工人), 상인(商人)의 자제들도 신학문을 학습하라는 교서를 내렸다.[21] 영선사(領選使)와 신사 유람단(紳士遊覽團)을 파견하여 발전된 문물을 배우고 오게 했고, 1883년 8월에는 외교 통상과 해관 업무 담당 인력을 양성하는 동문학(同文學)을, 1886년에는 조선 최초의 근대식 관립 학교인 육영 공원(育英公院)을 설립했다. 육영 공원에서는 수학, 각국의 역사와 언어, 국제법과 군사학, 의학, 농업, 지리, 천문, 기기(機器) 등 신학문을 가르쳤다고 한다.[22]

하지만 이 시기의 인재 교육은 근본적으로 한계가 있었다. 동도서기(東道西器), 경본예참(經本禮參)을 교육 기조로 내세웠기 때문이다. 전통적인 유교 교육을 유지하고 그 정신을 강화하면서 서양의 기술을 습득하겠다는 것이다. 이러한 시스템으로 근본적인 변화를 이룬다는 것은 불가능한 일이었다. 비전과 세계관을 갖추고 새로운 질서를 이끌어 갈 인재를 키우는 일도 요원했다.

이 같은 문제점을 인식한 고종은 갑오개혁(1894~1896)을 계기로 「교육 입국 조서(敎育立國詔書)」[23]를 반포하고 전면적인 교육 개혁을 시도한다. 고종은 이렇게 말한다.

"세상 형편을 살펴보면 부유하고 강성하며 독립하고 웅대한 시야를 갖춘 나라들은 모두 백성의 지식이 환히 열려 있었다. 지식이 열려 있는 것은 바로 교육이 잘 이루어진 덕분이니 교육은 실로 나라를 보존하는 근본이라 할 것이다. …… 짐이 정부에 명하여 학교를 널리 세우고 인재를 양성하고자 하는 것은 너희들 신하와 백성이 학식으로 나라를 중흥시키는 공로를 이루게 하기 위함이다. 모든 신민은 임금에게 충성하고 나라를 사랑하는 심정으로 너의 덕성, 너의 체력, 너의 지혜를 기르라. 왕실의 안전이 신민의 교육에 달려 있고 나라의 부강도 신민의 교육에 달려 있다."

그러면서 교육을 담당하는 부처인 학무아문을 독립시키고 합리성과 실용 위주의 교육에 나섰다. "돌이켜 보건대 시국은 크게 바뀌었다. 모든 제도가 다 함께 새로워져야 하지만 영재의 교육은 무엇보다 시급한 일이다."[24]라는 박정양의 말대로 분야별 젊은 인재를 양성하기 위한 새로운 교육 시스템을 구축하고자 했다.

그러나 이러한 움직임은 금세 제동이 걸렸다. 전통 교육을 '허문(虛文)의 학문'이라고 비판했다가 유림의 극심한 반발을 산 것이다. 고려가 불교를 버리지 못했던 것처럼 조선도 국시인 유학을 버릴 수 없었고, 결국 고종은 유학 교육과 성균관을 중시하는 조치를 내리는 것으로 한 걸음 물러난다. 여기서 고종은 조선의 문물과 기술이 발전하지 못한 이유가 사물의 이치를 궁구하지 않고 일상의 학문에 힘쓰지 않은 탓으로 돌리며, 성리학의 격물치지(格物致知)와 일용평상지도(日用平常之道)의 중요성을 강조했다.[25] 다시 경본예참 교육으로 회귀한 것이다.

이처럼 교육 정책이 원칙을 잃고 표류했지만 극심한 내홍에 시달리던 조선 조정은 이를 붙잡을 여력이 없었다. 1882년 임오 군란이 발발한 이래 1884년 김옥균 등 급진 개화파가 갑신정변을 일으켰고 1894년에는 동학 농민 혁명으로 청군과 일본군이 조선에 개입, 청일 전쟁이 벌어졌다. 이 때 일본은 경복궁을 강제로 점 거하기까지 했다. 이것으로 끝이 아니다. 1895년, 일본 정부의 사주를 받은 낭인들이 명성 황후를 시해하는 유래 없는 만행을 저 질렀으며, 이후 수립된 친일 내각은 섣부른 단발령 공포로 나라를 혼란에 빠트렸다. 1898년에는 안경수가 고종의 퇴위 음모를 꾸미다가 사형에 처해졌고 역관 김홍륙은 고종을 독살하려다 발각되어 역시 처형되었다. 이처럼 혼란이 거듭되었지만 고종은 제대로 된 리더십을 발휘하지 못했는데 이를 두고 1895년(고종 35년) 9월 18일 최익현(崔益鉉)은 고종을 비판하는 상소를 올렸다.

"폐하께서는 이렇게 된 까닭을 규명해 보셨습니까? 폐하께서 는 물욕에 마음이 끌리고 욕심이 습관이 되셨습니다. 부드러 우나 강단이 부족하고 자잘한 일은 잘 챙기면서도 큰 그림을 그리는 일엔 어둡습니다. 아첨을 좋아하고 정직을 꺼리시며 안일함에 빠져 노력할 줄 모르십니다. 지난 30년 동안 위에서 하늘이 견책하였으나 깨닫지 못하셨고, 아래서 백성이 원망 하였으나 돌보지 않으셨습니다. 이것이 바로 화란이 있게 된 이유입니다."

이어 최익현은 다음과 같이 간곡한 충언을 올렸지만 고종은 달라지지 않았다.

"부디 중전께서 그처럼 흉악한 변을 당하신 까닭은 무엇인지, 나라의 형세가 점차 망국으로 치닫고 있는 이유는 무엇인지를 생각하십시오. 무슨 도리를 잃었기에 역적이 자주 일어나며, 무슨 계책을 실수했기에 적들의 침해와 모욕이 계속되고 있는 것인지를 반성하십시오. 어찌하여 정사와 법령은 확립되지 않는지, 어찌하여 백성의 삶은 안정되지 못하고 있는지를 성찰하십시오. 반복해서 생각하고 또 생각하신다면, 폐하께서는 분명 척연하게 반성하고 두려워하여 잘못을 숙청하고 나라를 혁신해 내실 것입니다."

요컨대 리더와 조직의 총체적 난국으로 효과적인 인재 교육을 기대할 수 없는 상황이었던 것이다. 물론 이때도 여말 선초처럼 대전환의 흐름을 인식하고 여기에 대비할 것을 주장한 지식인들이 있었지만 집단적인 힘을 발휘할 수 있을 만큼 조직화하지 못했으며, 이성계처럼 물리적인 힘을 제공해 주는 실력자도 없었다. 개화파 스승과 제자, 선후배 간에 체계적이고 지속적인 코칭이나 지도도 이루어지 않았다. 그럼에도 섣부르게 일을 벌였고, 어설프게 외세의 힘을 빌리다가 수구 반동을 초래하며 상황을 악화시키기까지 했다. 그 뒤의 이야기는 우리가 너무나 잘 알고 있는 바와 같다. 국권을 빼앗기고 36년간 치욕적인 일제 치하를 겪게 된 것이다.

이상으로 살펴본 여말 선초와 개화기의 사례는 우리에게 생각해 볼 거리들을 던져준다. 전환기는 '창조적 파괴(creative destruction)'를 필요로 한다. 일반적인 수준의 변화는 체질을 개선하는 것만으로 충분히 대응할 수 있겠지만, 지도 이념이 교체되고 국제 질서가 뒤바뀌며, 시스템의 재설계가 요구될 정도의 대전환기에서는 기존 질서의 '붕괴(breakdown)'를 감수하고서라도 '돌파(breakthrough)'하겠다는 의지와 전략이 필요하다. 이때 무엇보다 중요한 것이 인재다. 경험해 보지 못한 미래에 적응하기 위해서는 창조력을 발휘하고 새로운 가치를 정립해야 하는데 결국 사람에게 달린 일이기 때문이다.

여말 선초와 개화기는 거대한 전환이자 극한 환경을 맞아 이를 헤쳐 나갈 인재 육성을 시도했다. 군주가 직접 교육 기관을 설립하고 그 중요성을 강조했다. 하지만 끝까지 책임지지 못한다. 방치되거나 무력화된 탓에 성균관과 육영 공원 등은 본래의 취지대로 운영되지 못했다. 그런데 두 시기의 내용과 결과에는 차이가 있다. 무엇 때문인가? 고려의 성균관은 인재들이 개혁 네트워크를 형성하여 자체적인 육성에 나섰다. 실력자와 원로 지성들이 여기에 힘을 보탰다. 세상이 바뀌고 있다는 것, 그에 걸맞은 새로운 미래를 준비해야 한다는 의지가 공동체 내부에 존재했기 때문이다. 덕분에 고려라는 개별 기업의 측면에서는 실패했지만, 조선이라는 새로운 혁신 기업을 탄생시킨 것이다. 이에 비해 개화기는 인재들 간에 네트워크가 형성되지 못했다. 변화를 추구하고 미래에 대비하는 기획이 체계화되지 못했고, 이를 후원하는 지도층도 거의 존재하지 않았다. 전환기의 혼란을 극복하고, 극한 환경을 이겨 내기 위해서는 조직 내부에 미래 비전에 동의하고 혁신을 위해 노력하는 집단이 형성되어야 한다는 것을 보여 준다.

아울러 여말 선초와 개화기가 주는 또 다른 교훈이 있다. 고려가 실패하고 조선이 성공한 것은 정도전, 조준 등 혁명파 성리학자들의 노력 외에도 리더인 이성계가 전환의 시대에 알맞은 비전을 가지고 있었기 때문이다. 그는 새로운 문명의 필요성을 이해했고, 이를 위한 혁명파 사대부의 설계를 받아들였다. 비전을 실현할 수 있는 체계(infrastructure)를 확립한 것이다. 이성계는 조선의 건국과 함께 인재 육성에 집중했는데 이와 같은 비전과 체계 속에서 구성원들이 최선의 능력을 발휘할 수 있도록 투자함으로써 조선 왕조가 500년을 지속할 수 있는 기초를 닦았다.

개화기의 조선이 청나라의 쇠퇴로부터 교훈을 얻지 못한 점도 반면교사로 삼을 만하다. 전혀 다른 게임의 법칙이 적용되는 환경이 도래하면 기존의 강자들이 갑작스레 몰락하는 경우가 많다. 성공의 덫과 경직성에 빠져 달라진 환경에 적응하지 못하고 재설계에 실패하기 때문이다. 청나라는 과거의 영광에 취해 서구 열강의 힘을 무시했고 결국 그들 앞에 무릎을 꿇었다. 이렇게 된 데에는 중체서용(中體西用)이라는 그들의 교육 정책도 한 몫을 했는데 근본적인 변화를 거부하고 서구 기술의 껍질만 얻으려 했던 것이다. 조선은 이러한 상황을 지켜보았음에도 혁신을 위해 노력하기는커녕 경본신참, 동도서기라는 이름으로 청나라의 잘못된 교육 정책을 이어받았다. 그리고 똑같이 실패의 길로 걸어갔다. 지금 우리도 누군가의 잘못된 방식을 무비판적으로 답습하고 있지는 않은지 돌아볼 일이다.

주

1부 성패를 가르다

note 01 병자호란

---

1   간언을 담당하는 사헌부, 사간원, 홍문관 세 기관을 가리킨다.
2   이때 청나라는 칭제 건원(稱帝建元), 즉 자국의 군주를 황제라 칭하고 독자
    적인 연호를 사용하기 시작했다.
3   존주대의(尊周大義, 명나라로 상징되는 중화 질서를 떠받들겠다는 대의)와
    재조지은(再造之恩, 임진왜란 당시에 멸망할 위기에 처해 있던 조선을 다시
    살려 준 은혜)을 버릴 수 없다는 명분이었다.
4   국경에 여는 무역 시장.
5   해마다 예물로 보내는 물품. 일반적으로 중국으로 가는 사신이 가져가는 공

물을 말한다.

6   『인조실록』11년 3월 7일.

7   『인조실록』11년 1월 29일.

8   『인조실록』11년 2월 1일.

9   『인조실록』11년 2월 11일.

10   『인조실록』11년 2월 14일.

11   『인조실록』14년 3월 7일.

12   『인조실록』14년 2월 24일.

13   『인조실록』14년 2월 29일.

14   『인조실록』14년 3월 3일.

15   『인조실록』14년 9월 5일.

16   『인조실록』14년 9월 27일, 10월 1일, 11월 8일.

17   『인조실록』14년 11월 15일.

18   『인조실록』15년 1월 3일.

19   『인조실록』15년 1월 11일.

20   『인조실록』15년 1월 18일.

21   『인조실록』15년 1월 18일.

22   『인조실록』15년 1월 21일.

23   『청음집(淸陰集)』권21, 「소차(疏箚)」, 청물조병심양소(請勿助兵瀋陽疏).

24   『인조실록』16년 2월 8일.

note 02 광무개혁

1   국사편찬위원회, 『고종시대사』 제4집, 광무 원년 10월 13일.

2   고종과 세자가 비밀리에 궁궐을 탈출하여 약 1년간 러시아 공사관에 머무르
     는 아관 파천이 벌어졌다.

3   1895년 일본 공사 미우라 고로의 주동으로 경복궁을 침입한 일본 자객들의
     손에 왕비가 참혹하게 시해당한 을미사변이 일어났다.

4   《독립신문》1897년 10월 2일(토요일)자 논설 기사.

5   『주한 일본 공사관 기록(駐韓日本公使館記錄)』12권,「기밀본성왕복(機密本省
     往復)」, 1897년 10월 25일.(기밀 제71호)

6   일본에 대한 대한 제국 정부와 한국민의 반일 감정을 누그러뜨리기 위한 목
     적도 있었다.

7   『한국 근대사 자료 집성』18권,「프랑스 외무부 문서 8 대한 제국 I·
     1897~1898」, 1987년 11월 10일.(정치국 북부과 제117호)

8   일본이 청일 전쟁의 승리로 시모노세키 조약을 체결하자, 러시아, 프랑스,
     독일 3국이 공동으로 간섭하여 랴오둥(遼東)반도 할양 등의 결정을 무산시켰
     다. 당시 동북아시아에는 영국, 프랑스, 러시아 등 열강이 적극적으로 개입
     하면서 힘의 균형 상태가 이루어졌고, 한반도에 대한 일본의 영향력도 많이
     약화되었다.

9   『고종실록』36년(광무 3년) 8월 17일.

10   『고종실록』36년(광무 3년) 4월 27일.

11   앞의 책.

12   국제와는 다른 성격이긴 하지만, 조선을 개국하면서 태조가 새 국가의 비전
     을 담아 발표한 즉위 교서에도 훨씬 못 미친다.

13   김옥균은 1894년 암살되었고 박영효와 유길준은 일본에 망명 중이었다. 김
     홍집은 1896년 아관 파천 당시 노상에서 군중들에게 타살(打殺)되었고 어윤
     중도 이때 목숨을 잃었으며 김윤식은 유배를 떠나 있었다.

     note 03 세종의 재난 대응

     ---

1   『세종실록』21년 7월 28일.

2   『세종실록』19년 1월 12일.

3   『세종실록』23년 7월 10일.

4   『세종실록』3년 6월 16일.

5   『세종실록』2년 1월 27일.

6   『세종실록』5년 9월 13일.

7   『세종실록』5년 7월 13일.

8   『세종실록』5년 4월 16일.

9   『세종실록』5년 2월 15일.

10 원래 조선에서는 백성의 거주 이전이 금지됐다.

11 『세종실록』4년 윤12월 28일.

12 『세종실록』1년 2월 12일.

13 『세종실록』5년 6월 9일. 장형 90~100대는 죽음에 이를 수 있는 중벌이다.

14 『세종실록』19년 1월 7일.

15 『세종실록』19년 1월 13일.

16 주로 조선 초기까지 존재했던 관직 형태.(중기 이후에는 비상시국이나 관직
    을 추증할 때에 쓰였다.) 원래 각 조의 장관은 '판서'로서 정2품 신하가 맡는
    다. 그런데 해당 업무에 탁월한 대신의 경우 승진하여 관품이 승급한 뒤에도
    해당 업무를 계속 관장하는 경우가 있다. 예컨대 '판사(判事)'는 종1품에게
    부여되는 직명으로 '판호조사'란 호조를 관장하는 종1품 판사라는 뜻이다.
    판병조사, 판이조사와 같은 관직도 같은 맥락이다.

17 『세종실록』22년 11월 28일. 안순의 졸기.

18 『세종실록』19년 2월 9일.

19 『세종실록』8년 2월 15일.

20 『세종실록』8년 2월 16일.

21 앞의 책.

22 『세종실록』8년 2월 19일.

23 『세종실록』 8년 2월 21일.

24 『세종실록』 8년 2월 20일.

25 『세종실록』 8년 2월 28일.

26 『세종실록』 8년 2월 26일.

27 훗날 한성 판윤, 지금의 서울시장 격이다.

28 『세종실록』 8년 2월 26일.

29 『세조실록』 6년 5월 22일.

note 04 세조의 경진북정

1 왕에게 중요한 일에 대해 올리는 보고서.

2 『세조실록』 6년 9월 11일의 실록 기사 중 세조의 말을 축약하였음.

3 태종 때부터 세조 때까지 쓰였던 명칭이다. 중심 고을인 함흥과 길주의 앞 글
자를 딴 것이다. 세조 때 길주 출신인 이시애가 반란을 일으키면서 길주의 역
할이 격하되고 이를 경흥이 대체함으로써 '함경도'로 변경되었다.

4 전쟁과 같은 비상시에 임명하는 임시직으로 정1품 재상급 대신이 맡는다.
군정과 민정을 총괄하는 막강한 권한을 가졌다. 종1품이 맡을 경우에는 '체
찰사'라고 부른다.

5 1405년 명나라가 여진족을 통제하기 위해 동북 지방에 설치한 기관으로 다
시 압록강 북쪽 지역의 건주위와 두만강 국경 지역에 위치한 모련위로 나뉘
어졌는데, 여기서 모련위는 후자를 말한다.

6 수양 대군이 김종서를 비롯하여 단종을 보위하는 대신들을 제거하고 정권을
장악한 사건이다.

7 『세조실록』 5년 12월 27일.

8 여진족이 한양에 올라가 임금을 직접 알현하기를 바랐던 것은 조선 조정으
로부터 받는 선물이 많았기 때문이다.

9   나라 밖에 살고 있는 신하가 수도에 가서 임금을 배알하고 인사를 드리는 것.

10 『세조실록』4년 11월 27일.

11 『세조실록』5년 6월 11일.

12 『세조실록』5년 8월 3일.

13 『세조실록』5년 8월 23일.

14 1월에 야인 1500명이 회령 고을에 침입하였고(『세조실록』6년 1월 28일)
    2월 9일에는 야인 기병 800여 기가 국경을 넘었다.(『세조실록』6년 2월
    19일) 2월 14일 다시 100여 기가 경성 땅에 진입하여 전 만호 송헌(宋憲)
    등 6명을 죽이고 9명을 포로로 잡았으며 소와 말 39마리를 노략질해 갔
    다.(『세조실록』6년 2월 24일) 24일에도 역시 적 100여 기가 쳐들어왔는
    데 이를 추격하는 과정에서 낭발아한의 아들 아비거를 죽였다.(『세조실록』
    6년 3월 1일) 야인들의 대규모 침탈이 계속되자 세조는 "오랑캐가 이제껏
    잡아간 조선의 백성들을 모두 돌려보내지 않을 경우 거병하여 멸망시키겠
    다."라는 뜻을 표명했는데(『세조실록』6년 3월 17일) 며칠 후 "적 7~8인이
    부령(富寧)의 석막리(石幕里)에 들어와 거주하던 백성 1명을 죽였다."라는 함
    길도 도절제사의 보고가 들어오자 마침내 야인 정벌을 결정한다.(『세조실
    록』6년 3월 22일)

15 불쌍하게 여겨 도와줌.

16 『세조실록』6년 2월 24일.

17 세종 때 이루어진 대마도 정벌도 이와 유사하다. 남해안을 어지럽히는 왜구
    를 제압하기 위하여 본거지인 대마도를 소탕하되, 이를 조선의 영토로 합병
    하지는 않았다. 과거의 일에 대한 응징과 앞으로의 일에 대한 경고 차원의 전
    쟁이라 할 수 있다.

18 『세조실록』6년 3월 23일.

19 『세조실록』6년 7월 29일.

20 왕이 지방의 고위급 지휘관들에게 보낸 명령서.

21 『세조실록』6년 3월 13일.

22 『세조실록』6년 8월 15일.

23 병조 판서였던 한명회는 서북쪽 국경 방어를 총괄하는 평안도, 황해도 도체
   찰사로 임명되었다.

24 예조 판서였던 홍윤성은 조전원수(助戰元帥)에 제수되어 함길도 도절제사인
   양정과 함께 신숙주를 보좌했다.

25 『세조실록』6년 3월 10일.

26 『세조실록』6년 1월 29일.

27 『세조실록』6년 6월 17일.

28 『세조실록』6년 3월 2일.

29 낭발아한은 명나라로부터 모련위 도독첨사(都督僉事)라는 관직을 받았다.

30 『세조실록』6년 3월 7일.

31 일찍이 명나라 홍무제(洪武帝)는 "여진은 분수를 지키지 않는 사람들이니 조
   선 국왕은 마음을 다하여 방어하라."라고 했고, 영락제(永樂帝)는 "순진한
   고려가 저들에게 속임을 당하였으니 너희가 저들을 죽이는 것이 가장 좋다
   고 생각된다. 이후로도 무례하다면 반드시 용서하지 말라.", "군마를 이끌
   고 저들을 소탕하여 일소해 버리되 반드시 죽이라."라고 명한 바 있다. 선덕
   제(宣德帝)는 "저들이 만약 뉘우치지 않거든 왕은 마땅히 상황을 살펴 처치하
   고, 홍무, 영락 연간에 칙유한 바대로 준수하여 방어하라."라고 하였고, 정
   통제(正統帝)는 "왕은 철저히 변방을 방비하되 만약 저들이 다시 침범하거든
   즉시 멸망하여 없애라."라고 칙서를 내렸다. 조선은 이 지시를 충실히 이행
   하여 저들의 죄를 물었을 뿐이라는 것이다.

32 적의 소식.

33 『세조실록』6년 8월 5일.

34 『세조실록』6년 윤11월 16일.

35 『세조실록』6년 9월 11일.

36 『세조실록』6년 9월 24일.

37 『세조실록』6년 윤11월 15일.

38 『세조실록』6년 10월 9일.

39 『세조실록』6년 10월 15일.

40 『세조실록』6년 10월 23일.

note 05 임숙영의 대책

---

1 대책(對策)은 문과(文科)의 3단계 최종 시험인 전시(殿試)의 답안지를 말한다.
왕이 친림(親臨)하는 시험이라는 뜻의 전시에서는 국가의 당면한 현안 등에
대해 묻는 '책문(策問)'이 출제됐다. 여기에 대해 응시자가 작성한 답안지가
대책이며, 책문(策問)과 대책을 합쳐서 '책문(策文)'이라고 부른다. 오늘날에
도 사용하는 대책이라는 단어가 여기에서 비롯한 것이다.

2 『소암집(疏菴集)』권8,「신해 전시 대책(辛亥殿試對策)」. 이하 임숙영의 발언
은 모두 이 글에서 인용하였다.

3 가장 유명했던 인물이 상궁이었던 김개시다. 김개시는 광해군의 총애를 바
탕으로 매관매직을 하고 권력을 휘두르며 국정을 농단했다.

4 왕의 잘잘못, 국정의 문제점 등을 지적하고 비판하는 업무를 담당하는 관리.
간언(諫言) 임무를 맡았다고 하여 '간관'이라 부른다.

5 『광해군일기』3년 3월 17일.

note 06 위훈 삭제

---

1 『중종실록』14년 10월 25일.

2 정국공신은 처음 봉해진 사람만 해도 1등 공신 8인, 2등 공신 13인, 3등 공
신 83인 등 104인에 이르렀다.(『중종실록』1년 9월 8일) 이후 조정과 추가

를 거쳐 총 117인이 된다. 조선 왕조의 개국 공신(開國功臣)이 53인, 수양 대군의 계유정난을 도운 정난공신이 43인, 예종 때 남이의 옥사를 처리한 익대공신(翊戴功臣)이 40인이었던 것에 비하면 월등히 많은 숫자다.

3　당대에 '삼대장(三大將)'이라 불렸다.

4　『중종실록』 14년 10월 25일.

5　처음에는 모두 3등 공신으로 책봉되었으나, 국가 재정 문제로 인해 3등과 4등으로 구분하였다.

6　『중종실록』 14년 11월 9일.

7　『중종실록』 14년 11월 21일.

8　『선조실록』 즉위년 10월 6일.

9　『선조실록』 2년 9월 25일.

10　『선조실록』 10년 12월 8일.

11　『중종실록』 14년 12월 29일.

12　『중종실록』 14년 10월 24일.

13　중종이 위훈 삭제를 철회하고 조광조를 숙청시킨 것에 대해, 공신들의 반발을 무마하기 위해서라는 견해도 있다. 하지만 당시는 박원종, 성희안, 유순정 등 이른바 '반정 공신 삼대장'이 모두 죽은 뒤로, 중종이 어느 정도는 강한 왕권을 구축하고 있었다. 따라서 공신들의 반발이 걱정되어서라기보다는, 자신을 압박하며 개혁을 요구하는 사람에게 염증을 느껴서라고 보는 것이 타당해 보인다.

14　『선조실록』 3년 7월 14일.

15　『선조실록』 3년 9월 25일.

16　대비전(大妃殿)을 뜻하는 말로, 명종의 왕비 인순 왕후를 가리킨다.

17　명종의 조정.

18　『동고유고(東皐遺稿)』 권4, 「청신원토죄삭훈차(請伸寃討罪削勳箚)」.

19　왕위를 계승한 후계자.

20　앞의 책.

21　앞의 책.

22　『선조실록』 10년 6월 26일. 을사사화의 피해자가 인종의 지지 세력인 대윤 일파이기 때문이다. 인성 왕후는 인순 왕후보다 서열이 위였지만 명종의 재위 기간 내내 무력화되어 있었다. 선조의 수렴청정을 맡은 것도 인순 왕후였다. 하지만 인성 왕후는 인순 왕후가 죽은 상황에서 명실상부한 왕실의 최고 어른이었다.

2부 시스템을 갖추다

note 07　세종의 공법 개혁

1　결(結)이란 토지 면적을 나타내는 단위다. 토지 등급이 높을수록(토지가 비옥할수록) 1결에 해당하는 면적을 작게 매김으로써, 등급과 상관없이 1결당 비슷한 양의 산출물이 나오도록 했다.

2　『세종실록』 1년 9월 19일.

3　『세종실록』 3년 9월 7일.

4　애덤 스미스는 조세 부과의 4원칙으로 평등성(누구나 자신의 수입에 비례하여 세금을 내야 함), 확실성(세금의 액수, 납세 방법, 시기 등이 분명해야 하며, 징세자에 의해 좌우되어서는 안 됨), 편의성(납세자에게 편리한 시기에 편리한 방법으로 세금이 징수되어야 함), 징세비 최소(세금을 징수하는 비용을 최소화해야 함)를 제시했다.

5　『맹자』, 「등문공」 상편.

6　앞의 책.

7　중국 고대의 현인. 정확한 정보는 전해지지 않는다.

8　『세종실록』 12년 3월 5일.

9   앞의 책.

10   『세종실록』 12년 8월 10일. 이날의 실록 기사에는 각 지역별 여론 조사 결과 및 참여자들의 의견이 상세히 실려 있다.

11   앞의 책.

12   앞의 책.

13   『세종실록』 16년 7월 19일.

14   『세종실록』 16년 7월 21일.

15   『세종실록』 19년 8월 21일.

16   『세종실록』 19년 8월 27일.

17   『세종실록』 19년 8월 28일.

18   『세종실록』 12년 8월 10일.

19   앞의 책.

20   『세종실록』 22년 6월 13일.

21   『세종실록』 25년 8월 5일.

22   공법의 제정과 시행을 위해 설치한 임시 관청.

23   『세종실록』 26년 11월 13일.

note 08   영조의 균역법 제정

1   『영조실록』 즉위년 9월 22일.

2   상황에 맞게 개혁하는 것을 뜻한다.

3   천민을 제외한 모든 백성을 의미한다.

4   각 기관에 소속되어 일하는 하인을 일컫는다.

5   『영조실록』 즉위년 9월 23일.

6   『영조실록』 즉위년 9월 24일.

7   『영조실록』 28년 1월 14일.

8 『영조실록』3년 11월 5일.

9 『영조실록』25년 8월 7일.

10 『영조실록』9년 12월 18일.

11 『영조실록』26년 6월 22일.

12 『영조실록』즉위년 9월 25일.

13 호포와 같은 개념으로 가구 단위로 세금을 부과하는 것을 말한다.

14 『영조실록』27년 5월 2일.

15 『영조실록』26년 7월 9일.

16 평안도와 함경도를 제외한 6도의 토지에 매 결마다 쌀 2두 또는 돈 5전을 부과하는 것이다.

17 토지 대장에 기록되어 있는 면적을 초과하는 토지분을 말한다. 세금을 낮추기 위해 이를 고의로 누락하는 경우가 많았다.

18 선무군관포란 양반의 자제 또는 양민 중 집안 형편이 부유하면서도 군역을 회피하고 있던 자들을 군관으로 삼아 포 1필을 부과한 것을 말한다. 비급제자에게 벼슬을 내리며, 군역 회피자들을 징계하지 않고 오히려 군관으로 삼는(평민이 중간 계층으로 편입되는 합법적인 길을 열어 준 것이기도 하다.) 우대 조치를 취해 줌으로써 세수를 늘리고자 한 것이다.

19 어염은 고기잡이, 소금, 선박의 운영 등 바다로부터 얻을 수 있는 모든 이권 사업을 총칭하는 말이다. 여기에 대한 세금은 주로 왕실, 궁가에서 거두어 갔었는데 이를 국가의 세원으로 돌린 것이다. 어염세의 국가 세제화는 왕실에게 경제적 타격을 주는 것이었지만, 왕실이 개혁을 위해 희생하였음을 홍보하는 효과를 가져왔다.

20 감혁이란 군영과 관청 등의 비용을 절감을 의미하며, 수용이란 인력 개편을 뜻한다.

21 『영조실록』26년 8월 5일.

22 『정조실록』, 「정조대왕 묘지문」.

23   당장 탈이 없고 편안하기만을 바라는 것을 말한다.

24   판서급 이상의 고위 관료.

25   『영조실록』4년 5월 4일.

26   『영조실록』26년 7월 2일.

27   어떤 일을 개혁하기 위해 설치하는 임시 관청을 말한다.

28   『영조실록』26년 3월 11일.

29   자신의 죄를 스스로 탄핵하는 것.

30   『영조실록』1년 1월 23일.

31   조선 후기 군국기무(軍國機務)를 담당한 비변사의 고위급 관리 .

32   『영조실록』10년 1월 14일.

33   『영조실록』4년 7월 13일.

34   연나라 소왕이 명장 악의(樂毅)를 모함한 태자를 크게 문책한 일을 말한다.

35   『영조실록』30년 5월 7일.

36   『영조실록』26년 7월 2일.

37   『영조실록』9년 12월 20일.

38   『영조실록』38년 10월 20일.

39   죄인을 끓는 물이나 기름이 담겨 있는 가마솥에 넣어 죽이는 형벌이다. 주로
     탐관오리를 처벌할 때 쓰였다. 조선 시대에는 실제로 집행되지는 않고, 죄인
     의 지위와 자격을 박탈하는 일종의 명예형이었다고 한다.

40   『영조실록』28년 1월 14일.

41   왕이 되기 전에 머물던 사저를 말한다.

42   『영조실록』26년 7월 3일.

note 09 정조의 신해통공

1   피해자가 입은 피해를 똑같이 부과하는 것.

2   상인의 이름, 주소, 취급 물품이 기록된 서류.

3   『현종실록』9년 8월 7일.

4   『영조실록』17년 9월 19일. 영조는 난전을 일부 허가한 한성부의 당상관들을 모두 파직하기도 했다.(『영조실록』29년 7월 19일)·

5   시전 상인들은 국가 필요 물품을 납품하고 중국 조공품을 조달하는 일을 대신 담당했다.

6   현종 때 평시서 제조가 올린 계문(啟文)이 이를 잘 보여 준다. "국가에서 무슨 일이 생기면 반드시 시민(市民, 시전 상인)에게 경비의 변통을 책임지게 합니다. 그렇다면 시민이란 국가의 근본이 아니겠습니까? 이들에게 반드시 살아갈 길을 마련해 주고 어려운 점을 없애 주어야 국가의 역(役)에 응하게 할 수 있습니다."(『비변사등록』현종 12년 5월 18일)

7   『정조실록』5년 1월 15일.

8   『정조실록』5년 11월 12일.

9   『정조실록』8년 3월 20일.

10   『비변사등록』정조 10년 3월 24일.

11   『승정원일기』영조 즉위년 10월 8일.

12   『비변사등록』영조 17년 6월 10일.

13   『일성록(日省錄)』정조 6년 8월 10일.

14   『정조실록』15년 1월 25일.

15   육의는 비단, 면포, 명주, 삼베, 모시, 종이를 말한다. 육의전은 나라에서 필요한 물품 및 중국에 보내는 조공 물품 조달을 책임졌던 곳으로, 이들에 대한 이익은 계속 보장해 줄 필요가 있다고 판단한 것이다.

16   『정조실록』19년 2월 10일. 정조의 이 말은 맹자의 사상을 바탕에 둔 것이다. 맹자는 물건값을 획일화해야 한다는 제자의 말에 이렇게 말한 바 있다. "무릇 만물이 제각기 다른 것은 자연의 이치이다. 어떤 물건의 가격은 차이가 두 배가 되고, 다섯 배가 되며, 또 어떤 물건은 차이가 열 배, 백 배가 된다.

천 배, 만 배의 차이가 나는 물건도 있다. 그런데 그대는 모든 물건의 값을 똑같이 하려 하니, 이는 천하를 혼란스럽게 만들 뿐이다. 큰 신과 작은 신의 값이 똑같다면 사람들이 무엇 하러 큰 신을 만들겠는가? 허자의 도리를 따른다면 서로 이끌고서 거짓을 행할 것이니, 어찌 나라를 다스릴 수 있겠는가?"

note 10 조준의 토지 제도 개혁

---

1   조준, 『송당집(松堂集)』권3, 「논전제소대사헌시(論田制疏大司憲時)」

2   조선 왕조의 개국 일등 공신이며 건국과 함께 우시중에 임명되었다. 좌시중 배극렴의 서열이 높긴 하지만 무신이었다는 점에서 사실상 조선의 초대 수상(首相)이라고 말할 수 있다.

3   김영수, 『건국의 정치』(이학사, 2006), 586쪽.

4   『맹자집주』, 「등문공 장구상(滕文公 章句上)」.

5   불법적으로 토지를 넓혀 가는 것. 지배층이 일반 백성들에게서 토지를 헐값에 사들이거나 강제로 빼앗는 경우가 많았다.

6   조준, 앞의 책.

7   현재 임금 이전의 모든 선왕을 총칭하는 말이다. 여기서는 나라의 건국자와 국가 제도를 확립한 군주들을 가리킨다.

8   조준, 앞의 책.

9   삼한(三韓)은 일반적으로 고대 한반도에 있었던 마한, 변한, 진한을 말하는데, 여기서는 후고구려, 후백제, 신라를 가리킨다.

10   정책학에서는 정책 목록이라고 부른다.

11   군인에게 지급한 토지.

12   권기헌, 『정책학』(박영사, 2008), 74쪽.

13   정정길 외, 『정책학원론』(대명출판사, 2007), 57쪽.

14   조준, 앞의 책.

note 11 신문고 설치

1   『태종실록』 2년 1월 26일.

2   처음 명칭은 등문고(登聞鼓)였다. 송나라 때의 제도를 본받아 태종 1년 7월 18일에 등문고가 설치되었고 같은 해 8월 1일에 의정부의 건의에 따라 "고할 데가 없는 백성으로 원통하고 억울한 일을 품은 자는 나와서 등문고를 쳐라."라고 공식 명령이 내려졌다. 이 날 신문고로 이름이 바뀐다.

3   임금을 가리키는 것으로, 직역하면 임금의 지혜라는 뜻이다.

4   『태종실록』 1년 11월 16일.

5   궁궐과 서울의 호위를 담당하는 군인으로 부유한 지배층 자제들이 주를 이루었다.

6   『태종실록』 3년 11월 22일.

7   『태종실록』 11년 6월 22일.

8   『태종실록』 14년 7월 4일.

9   『세종실록』 4년 1월 21일.

10   자신이나 직계 가족의 일, 종묘사직이나 사람의 목숨과 관련한 일이어야 했다.

11   신문고를 치기 전에 고을 수령이나 담당 부처 등 반드시 중간 단계를 거쳐야 했다.

12   『세종실록』 12년 10월 29일.

13   『세종실록』 15년 1월 16일.

14   『세조실록』 3년 2월 8일.

note 12 호패법 논쟁

1   『포저집(浦渚集)』, 「인구언논시사소(因求言論時事疏)」.

2 『태종실록』13년 9월 1일.

3 부역과 조세의 부과 기준이 되는 대장(臺帳).

4 『세종실록』8년 12월 8일.

5 『선조실록』31년 8월 12일.

6 전쟁, 천재지변, 전염병 등 토지가 황폐해지고 수많은 사람들이 목숨을 잃은 난리.

7 『선조실록』31년 8월 12일.

8 『인조실록』1년 4월 25일.

9 명나라와 친밀하게 지내고 후금을 배척함.

10 인조반정의 이등 공신으로 신풍군에 봉해졌으며, 고위직을 두루 역임했다. 문장과 학문에도 뛰어났다.

11 『계곡집(谿谷集)』, 「논군적의상소(論軍籍擬上箚)」.

12 앞의 책. 군역을 부담해야 하는 의무자가 소속 고을에서 이탈하면, 그 의무를 이웃이나 친척이 대신 짊어지도록 하는 인징과 족징의 폐단을 말하는 것이다. 호패법을 통해 호구의 수를 정확히 파악하고 군적을 새로 정리하면 이러한 이중 부담을 해소할 수 있다는 것이 장유의 판단이다.

13 앞의 책.

14 호패법이 다시 시행된 것은 이로부터 50여 년이 지난 1677년(숙종 3년)이다. 하지만 그 후에도 호패법은 부침을 거듭했다.

15 『인조실록』5년 1월 19일.

note 13 서원 철폐

---

1 임금으로부터 편액(扁額)을 하사받은 서원을 말한다. 면세와 면역(免役)의 특권이 주어졌다.

2 이를 두고 고종은 "집집마다 서원이 있다."라고 표현했다.(『승정원일기』

고종 8년 3월 16일)

3   서원이 마구잡이로 건설된 것을 의미한다.

4   특정 인물을 제향하는 서원이 중복하여 건설된 것을 의미한다.

5   토지 3결을 주었다고도 하지만 실제로 토지를 주었는지는 명확하지 않다.
     법제화된 것은 3결에 대한 면세권이다. 다만 봉안된 인물의 중요도에 따라
     토지를 내려 주는 경우도 없지는 않았다.

6   『영조실록』 3년 12월 11일.

7   『영조실록』 17년 4월 20일.

8   서원의 도장을 먹으로 찍은 것으로 원래는 서원의 문서를 총칭하는 용어였
     다. 하지만 강상 윤리를 바로잡는다는 명목으로 사사로이 양민들을 호출하
     고, 잡부금을 모금할 때 주로 사용되면서 악명을 얻었다.

9   "성묘(聖廟, 문묘)에 배향된 제현 및 충절과 대의가 찬란히 빛나 백세토록
     높이 받들기에 합당한 47곳의 서원 외에는 모두 향사를 그만두고 사액한 것
     을 철폐하라." (『승정원일기』 고종 8년 3월 20일)

10   『일성록』 고종 원년 4월 22일.

11   『일성록』 고종 원년 7월 27일.

12   『고종실록』 2년 3월 29일. 신종은 임진왜란 때 조선에 구원병을 보내주었
     고, 의종은 명나라의 마지막 황제다. 이들에게 제향한다는 것은 명나라와의
     의리를 지키고, 존주대의를 잊지 않겠다는 뜻이다.

13   숙종의 명에 따라 창덕궁 금원(禁園) 옆에 설치된 제단으로 명나라 태조, 신
     종, 의종의 제사를 지냈다.

note 14 세종의 인재 경영

1　강희맹이 쓴 과거 시험 답안지. 대책(對策)에 세종이 낸 문제가 함께 소개되어 있다.(『사숙재집』)

2　오늘날 영어 단어 'management'의 번역어로 채택되면서 다소 의미가 변화하기는 했지만 경영이란 표현의 유래는 『시경』과 『맹자』다. 이들에 경지영지(經之營之)라는 구절이 나오는데 여기서 경은 '헤아린다', 영은 '도모한다'라는 뜻이다. 즉 경영이란 어떤 일을 살펴 계획하고, 그것을 성공시키기위해 자원과 노력을 투입하는 과정이라고 말할 수 있다.

3　『공자가어(孔子家語)』.

4　『대학』.

5　『세종실록』 5년 11월 25일.

6　『세종실록』 20년 4월 28일.

7　『논어』, 「공야장(公冶長)」, "十室之邑, 必有忠信".

8　『세종실록』 20년 3월 12일.

9　『세종실록』 13년 11월 5일.

10　문관의 인사를 담당하는 이조(吏曹)와 무관의 인사를 담당하는 병조(兵曹)를가리킨다.

11　인재는 지역이나 신분을 가려서 태어나지 않는다. 양반 중에도 어리석은 사람이 있고 천민 속에도 뛰어난 능력을 갖춘 인재가 있다. 하지만 조선은 반상(班常)의 법도라 불리는 엄격한 신분 제도의 규제를 받았다. 대부분의 지배층은 이를 흔드는 것을 절대로 용납하지 않았다. 하지만 세종은 그 사람의 신분이 어떠하든 간에 능력과 재주가 있는지, 나라에 공헌할 수 있는지를 중시했다. 관노비 출신 장영실의 공학적 재능을 높이 평가하여, 종3품 대호군의 벼

슬을 내린 것이 대표적이다.

12 『세종실록』20년 3월 12일.

13 예를 들어 이조에 소속된 관리는 정2품 판서 1명, 종2품 참판 1명, 정3품 참
의 1명, 정5품 정랑 3명, 정6품 좌랑 3명이다. (이는 『경국대전(經國大典)』
기준으로, 정조가 편찬한 『대전통편(大典通編)』에는 정랑과 좌랑이 각 2명으
로 줄어 있다.)

14 『세종실록』5년 11월 25일.

15 『세종실록』6년 5월 3일.

16 『세종실록』25년 7월 26일.

17 『세종실록』2년 3월 16일.

18 경전을 주로 삼고 역사서를 날개로 삼는다는 뜻.

19 이는 국정 전 분야에 걸쳐 이루어졌다. 세종은 여름날 죄수가 더위를 먹지 않
도록 하는 방법을 마련할 때도 집현전에게 임무를 맡겼다. (『세종실록』30년
7월 2일)

20 『세종실록』12년 8월 21일, 『세종실록』16년 3월 17일.

21 업무를 보고하고 임금의 질문에 대답하는 자리.

22 『세종실록』8년 12월 11일.

23 훗날 좌승지로 이름이 바뀌며, 오늘날 대통령 비서실과 같은 업무를 수행
했다.

24 『세종실록』15년 12월 9일.

25 『세종실록』14년 2월 25일. 이날 실록에는 다소 뜬금없어 보이는 장면이 등
장한다. 세종이 김종서에게 활과 화살을 내려 주며 "항상 차고 있다가 짐승
을 쏘라."라고 지시하는 것이다. 맥락이 생략된 채 사실만 기록되어 있어서
세종의 의도를 정확히 알 수는 없지만 어쩌면 앞으로 군무(軍務)에 관심을 가
지라는 의미가 아니었을까 짐작된다.

26 『세종실록』22년 12월 3일.

27 『세종실록』23년 11월 9일.

28 종1품으로 병조(兵曹)의 업무에 참여하는 판사. 병조의 장관인 정2품 판서보다 높은 품계의 신하를 해당 업무에 참여시킬 필요가 있을 때 임시로 만드는 직책이다. 병조의 고문으로 이해하면 된다.

29 『세종실록』31년 2월 5일.

30 『세종실록』20년 4월 14일.

31 『세종실록』22년 3월 18일.

32 『세종실록』26년 2월 20일.

33 간신(諫臣), 즉 임금의 잘못을 서슴없이 비판하고 직언을 올리는 신하를 곁에 두라는 것은 유학의 주요 가르침 중 하나다. 따라서 이 자체만으로는 세종의 특징이라고 말할 수 없다.『효경(孝經)』에 보면, "천자에게 간쟁하는 신하 일곱이 있고, 제후에게 간쟁하는 신하 다섯이 있으면 비록 군주 자신에게 도(道)가 없더라도 나라를 잃지 않는다."라는 말이 나온다. 무능하고 못난 군주라도 간언을 통해 잘못을 바로잡아 줄 수 있는 신하가 옆에 있다면 크게 어긋나지 않는다는 뜻이다. 하지만 당태종(唐太宗)과 위징(魏徵)처럼 사사건건 반대하는 신하 한두 사람을 곁에 두는 군주의 사례는 종종 발견되지만, 조정의 대다수를 정적이나 자신과 다른 생각을 가진 신하들로 구성한 것은 세종이 독보적이었다고 할 수 있다.

34 『세종실록』즉위년 11월 23일.

35 『세종실록』2년 3월 16일.

36 『세종실록』즉위년 12월 13일. 세종 때 좌의정과 영의정을 지낸 이직(李稷) 역시 충녕 대군의 세자 책봉에 반대하여 귀양을 다녀온 바 있다.

37 『문종실록』2년 2월 8일.

38 『세종실록』24년 3월 2일.

39 『세종실록』15년 10월 23일.

40 『세종실록』15년 10월 24일.

41 『세종실록』21년 12월 28일.

42 『세종실록』21년 6월 12일.

43 이를테면 세종이 매우 아꼈던 병조 판서 이수는 1430년(세종 12년), 대제학 신장은 1433년(세종 15년), 대제학 윤회는 1436년(세종 18년)에 50대의 나이로 눈을 감았다.

44 『단종실록』1년 10월 10일.

45 『세종실록』22년 7월 21일.

46 『세종실록』9년 6월 21일.

47 『세종실록』11년 2월 19일.

48 『세종실록』7년 4월 4일, 『세종실록』26년 5월 9일.

49 『세종실록』9년 9월 4일.

50 공자는 "독실하게 믿으면서 학문을 좋아하고 죽음으로써 지켜 도를 잘 행해야 한다. 위태로운 나라에는 들어가지 않고 어지러운 나라에는 살지 않으며, 천하에 도가 있으면 드러내고 도가 없으면 숨는다."라고 하였다. (『논어』, 「태백(泰伯)」편) 맹자도 군자(君子)는 임금이 그의 말을 실천해 줄 때 벼슬을 하고, 실천해 주지 않으면 관직을 떠난다고 하였다. (『맹자』, 「고자하(告子下)」편) 이는 유교 지식인들이 출처(出處, 관직에 나가고 물러나 은거하는 것)를 결정하는 절대적인 가치 기준이었다.

note 15 숙종의 환국 정치

1 『연려실기술(燃藜室記述)』35권, 「숙종조고사본말(肅宗朝故事本末)」, 정시한소(丁時翰疏).

2 인조, 효종, 현종의 3대를 말한다.

3 환국의 사전적 의미는 정국(政局)이 전환(轉換)되었다는 뜻이나, 조선 후기 역사적 사건으로서의 환국은 집권 세력이 전면 교체된 것을 의미한다.

4   파면, 해임보다 무거운 처벌로 사판(仕版, 벼슬아치 명부)에서 이름을 삭제함으로써 다시는 등용하지 않겠다는 의사를 표시하는 것이다.

5   숙종의 각별한 총애를 받았던 복선군은 효종의 친동생인 인평 대군의 아들로 형제인 복창군, 복평군과 더불어 '삼복'이라고 불렸다.

6   체부란 체부청(體府廳) 혹은 체찰사부(體察使府)라고도 불리는데 비상시 군사 업무를 총괄하는 도체찰사(정1품 재상이 겸임한다.)의 지휘소를 말한다. 윤휴는 오삼계의 반란이 일어나 청나라가 혼란에 빠지자 기회가 왔다고 판단하고 체부를 설치하여 북벌을 준비하자고 주장했다.(『숙종실록』1년 9월 6일) 이후 폐지되었다가 국방력을 강화해야 한다는 윤휴의 건의에 따라 다시 설치되었는데,(『숙종실록』4년 12월 23일) 경신환국 후 윤휴는 불순한 의도로 병권을 장악하려 했다는 탄핵을 받고 사사된다.

7   매를 맞아 죽음.

8   『숙종실록』15년 1월 15일.

9   황제가 자신의 형제나 (황태자 외의) 아들에게 내리는 작위로, 제후국의 왕을 말한다.

10 『숙종실록』15년 2월 1일.

11 『숙종실록』20년 7월 8일.

12 복선군은 고종 때 용서를 받고 복권된다.(『고종실록』1년 7월 11일)

13 오시수는 남인으로 우의정을 지냈다. 청나라 사신이 조선에 왔을 때 접대를 담당했던 오시수는 사신이 "조선은 왕이 약하고 신하가 강성하다."라고 말했다며 이를 조정에 보고했는데, 경신환국으로 집권한 서인이 허위 보고를 한 죄로 오시수를 체포했다. 겉으로는 왕을 능멸했다는 명목이었지만 서인으로서는 '신하가 강성하다'는 말이 송시열을 지목한 것으로 보고, 송시열에게 위해가 될 수 있는 싹을 제거하고자 옥사를 일으킨 것이다. 서인 정권은 역관 등 사건 관련자를 제대로 조사하지 않은 채 오시수를 죽였는데 이는 같은 당파 안에서도 비판이 나왔을 만큼 무리한 조처였다. 이 과정을 총괄한 것

이 바로 김수항이다. 이 사건은 훗날 남인이 김수항을 탄핵하는 주된 명분이 된다.

14   이 사건은 수사 과정에서 추잡한 모략이 있었음이 드러났고 김익훈은 대간 으로부터 탄핵을 받았다. 이때 송시열이 스승 김장생의 아들인 김익훈을 옹 호했고 김수항도 김익훈의 편을 들었는데, 여기에 실망한 서인 소장 관료들 로부터 비판이 쏟아졌다. 노론과 소론이 분열하는 데에 영향을 준 사건이다.

note 16 영조와 정조의 탕평 정치

1   『영조실록』 1년 1월 3일.

2   동인이 남인과 북인으로 나뉘게 된 이유는 학문적 견해차(퇴계 이황과 남명 조식 계열의 차이)와 서인에 대한 강경, 온건의 태도 차이 때문이다. 북인에 서 갈라진 대북(大北)과 소북(小北)은 광해군을 지지하는 세력과 영창 대군을 지지하는 세력의 분열에 기인하는데, 광해군 대의 집권 당파였던 대북이 인 조반정과 함께 몰락하면서 소북만이 생존하게 된다. 공서(功西)와 청서(清西) 는 서인 중 인조반정 공신 세력과 재야 산림 출신 세력의 대립이고, 탁남(濁 南)과 청남(清南)은 강경과 온건, 산림과 중앙 관료의 차이이다. 마지막으로 노 론(老論)과 소론(少論)의 분열에는 남인에 대한 강경과 온건의 태도 차이, 원 로 중진과 신진 소장 세력 간의 성향 차이, 학문적 견해 차이(송시열과 윤증) 등이 영향을 미쳤다.

3   소론이 장희빈의 소생인 세자(훗날의 경종)를 지지한 데 비해, 장희빈이 남 인계라는 사실이 탐탁지 않았던 노론은 연잉군(훗날의 영조)을 대안으로 보 았다. 세자가 즉위한 후에도 노론은 경종의 슬하에 자식이 없다는 이유로 연 잉군의 세제 책봉을 밀어붙였고 나아가 세제에게 대리청정을 맡겨야 한다고 주장했다. 아직 나이가 젊고 건재한 왕에게 동생을 세제로 임명하고, 다시 그 동생에게 정무를 위임하라고 요구했다는 점에서 경종에 대한 불충으로

받아들여질 소지가 컸다. 실제로 소론은 노론을 경종에 대한 반역으로 규정하고 총공세를 감행한다. 그런데 경종이 즉위한 지 4년 만에 승하하고 영조가 보위에 오르면서 상황이 바뀌게 된다.

4   영조가 경종에게 상극인 게장과 생감을 함께 진어하여 그 부작용으로 경종이 죽었다는 설이 널리 퍼져 있었다.

5   영조는 1741년(영조 17년)에 이른바 「신유대훈(辛酉大訓)」을 발표하여 노론이 소론에 의해 공격당했던 '신임사화(辛壬士禍, 사화는 노론 입장에서 본 용어다.)' 피해자에 대한 신원과 복권을 완료하고, 노론이 경종의 역신이 아니라 충신이라고 규정했다. 따라서 노론이 자신을 추대한 것도 경종을 위한 충정으로 해석되는 것이다.(『영조실록』17년 9월 24일)

6   영조는 『천의소감(闡義昭鑑)』 편찬자들을 불러 접견한 자리에서 경종의 승하 과정에 대해서도 직접 진술했다.(『영조실록』31년 10월 9일) 영조는 이날 황형(皇兄, 경종을 의미한다.)께 게장을 진어한 것은 대비나 자신이 아니라 임금의 수라간에서였다며 자신과 관련 없는 일이라고 밝힌다.

7   『영조실록』1년 1월 3일.

8   어느 한 붕당의 의리나 주장을 채택할 경우, 다른 붕당은 살아남을 수 없는 당시 정치 구도에 기인한 것이다.

9   영조의 재위 기간이 매우 길고, 영조의 정국 운영 방식 역시 여러 차례 변화하였으므로 이 기조가 모든 시기에 전부 유지되었다고 말할 수는 없다. 정치적인 상황에 따라 완론이 배제되고 준론(峻論, 선명론자를 비롯한 강경파)이 득세한 적도 있고, 척신들이 국정을 좌지우지한 적도 있었다. 어쨌든 이 세 기조가 핵심이었다는 점에서 편의상 일반화하였다.

10   정치와 도덕의 표준이 되는 가치 기준을 말한다.

11   임금은 통치자와 스승을 겸한다는 뜻이다.

12   왕이 성군의 경지에 오르지 못하고 군사가 될 수 있는 자격을 갖추지 못했다면, 다른 욕심을 내지 말고 오로지 수양과 학문 도야에 힘써야 한다고 말하는

식이었다.

13   예를 들어 영조는 자신의 밑에서 영의정을 지낸 신하(김재로)의 아들(김치인)이 늙어 영의정에 오를 때까지 왕위를 유지하고 있었다. 치세 후반기가 되면 모든 신하가 옛 신하의 아들, 손자뻘인 상황이 되면서 영조는 충효(忠孝)를 무기로 함께 사용한다. 영조가 '너의 아버지는 그러지 않았다'며 신하를 압박한다면, 그 신하는 불충뿐 아니라 불효를 저지른 셈이 된다.

14   임금이 친히 지어 붙인 서문으로 해당 경전 해석의 표준을 제시했음을 뜻한다. 학문적, 이념적 권위를 확보하기 위한 것이다.

15   이것을 방치한다면 신하들은 큰 불충을 저지르는 것이 된다.

16   이 시기에 각 붕당은 벽파(僻派)와 시파(時派)로 재편된다. 노론과 소론이 사라진 것은 아니지만 노론에도 벽파와 시파가 있고 소론에도 벽파와 시파가 있다는 점에서 붕당이 재편되었다고 말할 수 있다. 이러한 벽파와 시파의 구분은 학문과 이념의 차이라기보다는 사도 세자에 대한 지지 여부와 같은 정국 상황에 대한 입장 차이에 기인한 것이었다.

17   『영조실록』17년 3월 18일.

18   『영조실록』17년 3월 9일.

19   『정조실록』즉위년 5월 16일.

20   『정조실록』24년 5월 30일.

21   천주교 탄압사건으로 이가환, 이승훈, 권철신 등 남인계 인사들이 연루되어 처형당했다. 정약용도 이때 유배형에 처해졌다.

note 17 태종의 세자 책봉

---

1   『태종실록』10년 11월 3일.

2   『태종실록』17년 3월 23일, 18년 5월 14일.

3   『태종실록』17년 2월 15일.

4   임진왜란이 일어났을 당시 왜군이 수도 한양을 위협하는 긴박한 순간에도 선조와 조선 조정은 세자를 세우는 일부터 논의했다. 그동안 임금의 슬하에 적자(嫡子)가 없다는 이유로 세자를 정하는 것을 미뤄 왔지만 전쟁이 일어나 국가의 존망이 위협받고 있는 상황에서, 리더십 유고 사태를 대비할 세자가 필요했던 것이다. 국왕이 적에게 포로로 잡히거나 전사하기라도 한다면 대신하여 나라를 이끌어 갈 사람 말이다.(선조의 경우에는 자신은 명나라로 망명하고 세자에게 전쟁을 지휘하도록 함으로써 세자를 방패막이로 쓰려는 의도도 있었다.)

5   요임금이 순임금에게, 순임금이 우임금에게 선양(禪讓)한 것에서도 볼 수 있 듯이 본래 왕위는 혈연과 상관없이 나라 안에서 가장 현명하고 뛰어난 사람 이 승계자가 되는 것이었다. 그러나 세습 군주제가 정착되면서 후계자의 1순 위는 왕의 적장자가 되었다. 왕비에게서 태어난 적자, 적자 중에서도 맏이, 둘째, 셋째의 차례대로, 적자가 없다면 서장 중에서 맏이가 세자가 되는 식 이다. 이처럼 적장자 승계가 굳어진 것은 장남이 대를 잇는다는 종법(宗法)에 따른 것이지만, 이 방식이 가장 안전하다는 이유도 있다. 적장자라는 절대적 인 기준을 설정함으로써 다른 왕자들은 처음부터 왕위에 대한 욕심을 단념 하도록 하고, 왕자 간의 권력 투쟁을 사전에 차단하는 것이다.

6   왕자의 난으로 인해 죽임을 당한 의안 대군 이방석(태조의 막내아들), 반정 으로 폐위된 연산군의 세자와 광해군의 세자를 제외한다면, 조선사를 통틀 어 자질 문제로 폐세자 된 사람은 태종의 세자인 양녕 대군, 영조의 세자인 사도 세자 두 사람 뿐이다.

7   『태종실록』18년 6월 3일.

8   『태종실록』18년 8월 10일.

9   『세종실록』2년 3월 16일.

1   『세종실록』19년 4월 1일.

2   앞의 책.

3   『세종실록』24년 7월 28일.

4   주자는 「대학장구서」에서 "총명하고 슬기로워서 능히 하늘로부터 부여받
     은 선한 본성을 지극히 할 수 있는 사람"이 억조창생의 군사(君師), 즉 임금이
     자 스승이 되는 것이라고 하였다.

5   『사기』, 「오제본기(五帝本紀)」.

6   서자 중 맏아들을 세자로 세우는 것.

7   아들 중 가장 현명한 사람을 세자로 삼는 것.

8   『중종실록』13년 2월 26일.

9   정1품 영의정이 세자시강원의 세자사(世子師), 정1품의 다른 정승이 세자부
     (世子傅), 종1품 찬성이 세자이사(世子貳師), 2명의 정2품 대신이 세자좌빈객
     (世子左賓客)과 우빈객(右賓客)을 겸임했다.

10   『경국대전』에 정식으로 직제화되어 있는 인원은 보덕(輔德), 필선(弼善), 문
     학(文學), 사서(司書), 설서(說書) 5인이지만, 찬선(贊善), 진선(進善)의 관직이
     추가되는 등 점차 규모가 확대되었다.

11   조선 후기에 가면 김집, 송시열, 송준길, 권시, 이유태, 윤증, 권상하 등 당대
     의 저명한 학자들이 모두 시강원 찬선(贊善)으로 위촉되었다.

12   왕이 백성을 직접 만나 민생을 청취하는 것.

13   『세조실록』10년 3월 27일.

14   유학에서 성인(聖人)으로 추앙하는 인물. 주나라 문왕의 아들로 성왕 때 섭정
     이었다. 『주례』를 확립했다.

15   『순조실록』27년 2월 9일.

note 19 강희맹의 상소

1   『사숙재집』권6,「육재변재용재지도(育才辨才用才之道)」.

2   강희맹이 세종의 조카이자 세조의 이종사촌 동생으로, 외척이었던 이유도 있다.

3   이하 강희맹의 발언 인용은 모두 『성종실록』9년 3월 18일의 실록 기사가 출처이다.

4   이조와 병조를 의미한다.

5   권력을 가지고 마음대로 사람을 좌지우지할 수 있는 힘.

6   최종 후보자 3인을 결정하여 임금에게 아뢰는 것을 말한다.

note 20 극한 환경에서의 인재 육성

1   『고려사 세가(高麗史 世家)』, 충숙왕 원년 1월.

2   372년 고구려 소수림왕이 유교 이념에 기반을 둔 태학을 설립했다.

3   『대학』의 주석서인『대학장구』에 주자가 붙인 서문이다.

4   전통 사회에서 사용했던 표현으로 나라가 잘 다스려지고 혼란스러운 것, 융성하고 쇠퇴하는 것이 번갈아 찾아온다는 의미이다.

5   『시경(詩經)』,『서경(書經)』,『역경(易經)』,『예기(禮記)』,『춘추(春秋)』,『악기(樂記)』를 말하는 것으로 유교 경전에 관한 교육을 의미한다.

6   고려 후기의 학자이자 재상으로 성리학을 도입하고 국가 차원의 유학 교육을 부흥시킨 인물로 평가받는다.

7   부친이나 조부의 지위에 따라 과거 시험을 보지 않아도 관리로 서용하는 제도이다.

8   성균관에서 생도들의 수업이 이루어지는 강당.

9   『고려사』,「이색 열전」.

10 1380년(우왕 6년) 8월에는 왜선 500척이 침입해 와 노략질을 자행하니 시체가 산과 들을 뒤덮었다고 한다. (『고려사』, 「나세 열전」)

11 『목은문고(牧隱文藁)』권7, 「익재선생난고서(益齋先生亂藁序)」.

12 이색의 아버지 가정 이곡을 가리킨다.

13 『삼봉집(三峰集)』권7, 「도은문집서(陶隱文集序)」.

14 『고려사』, 「김방경 열전-김구용」.

15 고려 왕조를 지키기 위해 이성계와 대결했던 정몽주도 위화도 회군을 하고 창왕을 폐위시킬 때까지만 해도 이성계와 같은 진영에 있었다.

16 함경도 일대.

17 『고종실록』19년 8월 23일.

18 이웃 나라와 교류하는 것.

19 국가 간에 연합을 하고 조약을 체결하는 것.

20 《아사노신문(朝野新聞)》1886년 7월 8일자. (김옥균 외, 『한국의 근대 사상』(삼성출판사, 1977)에서 재인용)

21 『고종실록』19년 12월 28일.

22 『고종실록』23년 8월 1일.

23 『고종실록』32년 2월 2일.

24 『박정양 전집』권4.

25 『고종실록』36년 4월 27일.

조선의 위기 대응 노트
역사를 바꾼 리더의 선택들

1판 1쇄 펴냄 　　2021년 8월 13일
1판 4쇄 펴냄 　　2022년 9월 15일

지은이　　김준태
발행인　　박근섭, 박상준
펴낸곳　　(주)민음사
출판 등록　1966. 5. 19. 제16-490호

서울특별시 강남구 도산대로1길 62(신사동)
강남출판문화센터 5층 (우편번호 06027)
대표전화 02-515-2000 팩시밀리 02-515-2007
www.minumsa.com

*잘못 만들어진 책은 구입처에서 교환해 드립니다.